所有的烦，都是心烦

烦恼不过夜的情绪整理术

慧闻 著

SUO YOU DE FAN
DOU SHI XIN FAN

民主与建设出版社
Democracy & Construction Publishing House

图书在版编目（CIP）数据

所有的烦，都是心烦/慧闻著.--北京：民主与

建设出版社，2016.7

ISBN 978-7-5139-1130-6

Ⅰ.①所… Ⅱ.①慧… Ⅲ.①人生哲学－通俗读物

Ⅳ.①B821-49

中国版本图书馆CIP数据核字(2016)第127544号

出 版 人：许久文

责任编辑：李保华

整体设计：黄 婷

出版发行：民主与建设出版社有限责任公司

电　　话：(010)59419778　59417745

社　　址：北京市朝阳区阜通东大街融科望京中心B座601室

邮　　编：100102

印　　刷：廊坊市华北石油华星印务有限公司

版　　次：2016年9月第1版　2016年9月第1次印刷

开　　本：32

印　　张：8.25

书　　号：ISBN 978-7-5139-1130-6

定　　价：32.00元

注：如有印、装质量问题，请与出版社联系。

前　言

Preface

滚滚红尘，芸芸众生，内心充满了这样那样的烦恼。烦恼，像一把把无形的刀子，时时在剜割着我们的内心，让我们内心布满了伤痕，痛苦难言。烦恼，像一个个沉重的包袱，让我们背负了一个重重的壳，步履维艰，疲惫不堪。

烦恼从何处来?

我们心中充满欲望，追逐名利，患得患失，斤斤计较，烦恼由此而生。

我们发现别人有钱有位，有车有房，内心不平衡，心生一种虚妄的攀比，烦恼由此而生。

我们看到同事工作出色，受领导青睐重用，晋职加薪，心生嫉妒，烦恼由此而生。

我们习惯用完美的眼光看世界，当碰到不如意之事时便心生失望，烦恼由此而生。

我们遇到一个又一个的挫折，心灰意冷，精神萎靡，悲观消沉，烦恼由此而生。

我们为情执著煎熬，为爱牵肠挂肚，心中不肯放弃失去的爱，烦恼由此而生。

我们为自己的缺陷顾影自怜，自怨自艾，心中抱怨上帝对自己不公平，烦恼由此而生。

我们整日匆匆忙忙，劳苦奔波，身不得闲，心不得静，烦恼由此而生。

……

一念心动，烦恼即生。所有的烦恼，都是心烦，心是烦恼的源，心是烦恼的根。

四祖禅师还未悟道时，曾经向三祖僧璨禅师请教。

道信虔诚地请求道：“我觉得人生太苦恼了，希望您能指引给我一条解脱的道路。”

三祖僧璨禅师反问道：“是谁在捆绑着你？”

道信想了想，如实回答道：“没有人在绑着我。”

三祖僧璨禅师笑道：“既然没有人捆绑你，你就是自由的，就已经是解脱了，你何必还要寻求解脱呢？”

道信一听此话，当下大悟。

束缚你的，是你自己，让你烦恼的，是你的心。天下本无事，庸人自找之，所谓的烦恼本是自找的。人生的苦恼，并不在于自己获得多少、拥有多少，而是因为自己想得到更多。一些人想得到的太多，愿望达不到，便感到失望与不满，然后开始怨天尤人，自己折磨自己，深陷烦恼和痛苦中不能自拔。烦恼，是吞噬我们心灵的杀手，它在使我们心灵凋零的同时，又严重地威胁着我们的健康和生活。

何以解烦？佛家云：“勘破、放下、自在。”只有放下心中的欲望，放下心中的执著，放下心中的包袱，我们的烦恼才能消散，我们的心灵才能得到解脱，我们的心灵才能获得轻松。只有当你内心放下足够多的时候，你才能如脱钩的鱼、忘机的鸟、出岫的云，心无挂碍，来去自如，表里澄澈。正所谓“风来疏竹，风过而竹不留声；雁渡寒潭，雁去而潭不留影”，只有这样，你才会发现生命竟可以如此充实、如此美好，日日是好日，步步起清风！

本书结合当代人的生存现状，一针见血地阐明了人生的烦恼在于心烦这样一个人生哲理，指出了内心烦恼的根源所在，同时开出了治愈内心烦恼的种种妙方，让你根除内心烦恼，抛弃内心负累，清心，明心，静心，安心，定心，从而达到无烦无恼、心无挂碍、喜悦自在的人生境界。语言精练，道理隽永，如明灯，照亮你内心的灰暗；如春风，吹散你内心的烦躁；像甘霖，滋润你干涸的心田；似妙音，抚慰你躁动的思绪；是醍醐，开启你无穷的智慧。

放下烦恼，心暖花开。春有百花秋有月，夏有凉风冬有雪。若无闲事挂心头，便是人间好时节！

目　录

Contents

第一章　心是你的眼，心是烦恼的根

第二章　心莲朵朵开，一切烦恼皆可放下

第三章　莫烦恼，你担心的事9成都不会发生

第四章　若你心中有乐园，世界处处是花园

第五章　心随境转是凡夫，境随心转是圣贤

第六章　你若随遇而安，烦恼便烟消云散

第七章　若无闲事挂心头，便是人间好时节

第八章　内心简单，世界就不会复杂

第九章　做自己就好，你无须讨世界的欢心

第十章　修好这颗心，人生更从容

第一章

心是你的眼，心是烦恼的根

佛法说，万法唯心造。心被名利物欲所困就不自由，情被生活情境所激也会不自由。一切烦恼，皆因心智不自由而起。只要有一念心带着牵牵挂挂，为烦恼所累，你看到的人、事、物就不会顺畅，烦恼就会无处不在。

心是你的眼，心是烦恼的根。心生欲望即烦恼，心生攀比即烦恼，心生自卑即烦恼，心生计较即烦恼，心生忧郁即烦恼……烦恼皆由心生。要想从烦恼的牢笼中解脱，首先要做到“心无一物”，根除心中的一切杂念——烦恼之根。

今天，你烦恼了吗

在《女性奥秘》一书中，有一篇标题为“无名病”的文章，作者弗莱德曼在文中论到现今世界愈来愈多妇女所面临的苦境，她们对生活烦恼不满，压根儿就没有快乐。

一位23岁的母亲如此自述道：

我身体健康，孩子们都活泼可爱，家庭舒适，经济上也算宽裕。我的丈夫是一个电子工程师，前途无量，但不知为何我总觉得不满足，我常问自己为什么会这样。我的丈夫认为我可能需要度假休息一段时间，但我需要的并不是休息，因为我根本就不能独自坐下来看书。孩子们午睡时，我就会在房间里走来走去，等着去叫醒他们。有时早晨醒来，我会觉得一点盼望也没有。

一个名叫约翰逊的医生，在《读者文摘》上写道：

现今世界的文明和优越的物质生活乃前所未有的，然而现今一代的人却愈来愈厌倦生活。我们寻求娱乐却常常觉得索然无味；甚至在剧院上演一幕精彩的戏剧时，也常常出现幕还没拉上就走了好几批观众的现象。我们坐在电视机前，看着一出又一出的电视剧、电影，但脑子里却不知道看了些什么。我们看报纸、杂志的时候也是心不在焉，大多数人在说“我累了”的时候，实际上是指他们对自己所做的事情厌倦了，对自己的生活感到索然无味。

弗莱德曼所讲的“无名病”就是烦恼病。各个行业、各个阶层的人都会患这种病；无论你有什么，抑或你没有什么，都不能保证你不会患上烦恼病。无论是富人还是穷人，聪明的还是愚蠢的，知识分子还是文盲，都同样会患上此病。

烦恼病不仅是妇女特有的病症，男人也同样会有。有一个商人去医院看病，却说不清自己有什么不妥。于是医生给他做了彻底的检查，结果没有发现任何毛病，于是商人再往医生处做进一步查询。经过一段轻松的谈话后，医生对他说：“我有一个好消息要告诉你，你的体格检验完全正常，我不用在你的病历卡上写任何东西。”

商人听了并不显得高兴，他说：“医生，我从早晨起床到晚上睡觉，没有一刻不觉得疲倦。”这时，医生才意识到他的病人患的是“烦恼病”，而不是一般的身体不适。于是医生就开始指出这个商人所拥有的一切：兴隆的生意、舒适的家庭、漂亮的妻子、可爱的孩子和其他能用金钱买到的许多东西。但这个商人听了以后却说：“让别人把这些东西都拿去吧，我对这些简直烦恼透了。”

为什么会出现这种现象？难道患这种病的人大多不都是生活一帆风顺的人吗？难道他们不是处于别人不能奢望的“顺境”之中吗？

这还是和我们的心理习惯有关。这个世界上，可以说除了圣人之外，没有人能随时感到快乐。作家萧伯纳曾说道：“如果我们感到可怜，很可能会一直感到可怜。”对于日常生活中使我们不快乐的那些众多琐事与环境，我们可以调整思路让自己感到快乐，这就是：大部分时间想着光明的目标与未来。而对小烦恼、小挫折，我们也很可能习惯性地表现出暴躁、不满、懊悔与不安，这样的反应我们已经“练习”了很久，所以成了一种习惯。这种不快乐反应的产生，大部分是由于我们把它解释为“对自尊的打击”等这类原因。司机没有必要冲着我们按喇叭，我们讲话时某位人士没注意听甚至插嘴打断我们，认为某人愿意帮助我们而事实却不然，甚至个人对于事情的解释，结果也会伤了我们的自尊；我们要搭的公共汽车竟然迟开；我们计划要郊游，结果下起雨来；我们急着赶搭飞机，结果交通阻塞……这样我们的反应是生气、懊悔、自怜，或换句话说——闷闷不乐。

你认为你的烦恼可能是由于生活中缺少指引引起的吗？你的生活没有目的、没有目标，你不明白你自己和你的命运；你无目的地做完一件又一件的事，到处搜寻，但最后烦恼了、疲乏了；你就像飞机要在暴风雨中找寻降落点，但前景却一片模糊。

心情主宰着我们的生活，而不是那些轻微的懊恼事。需要改变的是我们自己，而不是给自己怨天尤人的理由。

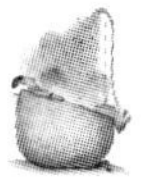

烦恼皆由心生

有一首名为《最近比较烦》的歌，深得人们喜爱，因为这首歌表现了现代人的真实感受，唱出了大多数人的心声。随着经济的发展，生活水平不断提高，我们的感觉不是快乐与日俱增，而是增加了许多烦恼，笑声越来越少。这是为什么呢?

生活中，为了满足各种欲望，我们整日劳苦奔波，身不得闲，而心灵欲念膨胀，被杂念纠缠，故亦不得闲，烦恼便由此而生。所以说，烦恼皆由心生。

佛教第二代传人慧可曾向达摩祖师诉说他的内心不安，希望达摩祖师能帮他把心静下来。达摩祖师让他拿心来，才肯替他安心。慧可找了半天回答说没找到，达摩祖师说："给你安心竟然没有找到。"

真的，心在哪里呢？心都不可得，哪里还有可得的烦恼？心是烦恼的关键。现代人一心追逐名利，心中充满欲望，整天患得患失，自然会有烦恼。一个为追求名利而苦恼的人，是因为他的心不肯停止追求，才会苦恼；一个为失恋而痛苦的人，只是因为他不肯放弃失去的爱，痛苦就成了必然的结果。正如高尔基所说："对一个人来说，最大的痛苦莫过于心灵的沉默。"

一个年轻人四处寻找摆脱烦恼的秘诀。他见山脚下绿草丛中一个牧童在那里悠闲地吹着笛子，十分逍遥自在。

年轻人便上前询问："你那么快活，难道没有烦恼吗？"

牧童说："骑在牛背上，笛子一吹，什么烦恼也没有了。"

年轻人试了试，烦恼仍在。

于是他只好继续寻找。

他来到一个小河边，见一老翁正专注地钓鱼，神情怡然，面带喜色，于是便上前问道："您能如此投入地钓鱼，难道心中没有什么烦恼吗？"

老翁笑着说："静下心来钓鱼，什么烦恼都忘记了。"

年轻人试了试，却总是放不下心中的烦恼，静不下心来。

于是他又往前走。他在山洞中遇见一位面带笑容的长者，便又向他讨教解脱烦恼的秘诀。

老年人笑着问道："有谁捆住你没有？"

年轻人答道："没有啊？"

老年人说："既然没人捆住你，又何谈解脱呢？"

年轻人想了想，恍然大悟，原来是被自己设置的心理牢笼束缚住了。

世上本无事，庸人自扰之。其实很多时候，烦恼都是自找的，要想从烦恼的牢笼中解脱，首先要"心无一物"，放下心中的一切杂念。

烦恼是因为内心放不下

有这样一个故事：

他曾经和女友做了一个小测验，说如果同时丢了三样东西：钱包、钥匙、电话本，最紧张哪一样？女友毫不犹豫地选择了电话本，而他毫不犹豫地选择了钥匙。答案说，女友是一个怀旧的人，而他是一个现实的人。

后来他们分手了，女友的确总被过去纠缠得不快乐，一段大学时代未果的爱情至今还让她念念不忘，而爱情中的他早已为人夫，为人父。女友的心停在了过去，一直后悔当初没有坚持到底，因此，又错过了很多不错的人。他问她："还可以挽回吗？"她摇摇头。他说："那为什么不放弃？"她无奈地说："放弃不了。"

他说："其实是你不想放弃。"

中国有句古语说："苦海无边，回头是岸。"偏偏有人就执迷不悟，放不下心中的一切，给自己带来无尽的烦恼。

还有一个女孩四年前在女友的宿舍玩，一念之差想偷屋里的一副耳环，后来被耳环的主人识破，女孩羞愧难当，自此离开家乡，再也没回去过。

人生有些错误是无法挽回的，有时，需要你付出代价，这个代价就是放弃。外在的放弃让你接受教训，心里的放弃让你得到解脱。生活中的垃圾既然可以不皱一下眉头就轻易丢掉，情感上的垃圾也无须抱残守缺。

不要总想着挽回，有时人生需要放弃。

在物欲横流的今天，需要你作出许多选择，更多的也许是放弃。与其说是抉择得当，不如说是放弃得好。人生苦短，要想获得越多，就得放弃越多。那些什么都不放弃的人，是不可能有多少获得的。其结果必然是对自身生命的最大的放弃，让自己的一生陷入无穷无尽的烦恼之中，永远处在碌碌无为之中。

明知得不到的东西，何必苦苦相求，明知做不到的事，何必硬撑着去做呢？

放弃需要明智，该得时你便得之，该失时你要大胆地让它失去。有时你以为得到了某些时，可能失去了很多；有时你以为失去了不少，却有可能获得许多。

烦恼是因为内心计较太多

一个人越是计较，烦恼越多；烦恼越多，牵绊越多。计较他人应该如何对待自己，就是自寻烦恼；计较他人应该如何如何，才是心灵受伤并缺少笑容的主要原因之一。

在一个偏远的小村庄中，因为往昔曾发生过一些令人不快的事情，所以这里的居民相处的融洽度极低。人与人之间根本谈不上互帮互助，几乎每家每户的处事原则都是“各人自扫门前雪，不管他人瓦上霜”。他们在街上碰面后也不打招呼，而且还经常为一些鸡毛蒜皮的小事吵得不可开交，导致整个村庄终日处于鸡犬不宁的状态中。

在新上任的村长看来，这种“相敬如冰”“气冲冲”的风气如果继续持续下去，对下一代的人格成长乃至整个村庄的长远发展都极为不利。于是，村长迫切地想要将目前的这种窘境加以改善。经过一段时间的冥思苦想与努力，他找到一位异乡人前来帮忙。

这天，村长召集村民们到村庄中央的空地上开大会，向村民们介绍异乡人：“他是一位会变魔术的技师，而且有着精湛的技艺。”村长话音刚落，只听异乡人拿起一块石头对村民们说：“这块石头魔力无边。为什么这么说呢？因为凡是用它炒出来的菜，就会是天底下最可口的一道菜。要是有谁觉得我在吹牛，我可以当场示范给这个人看看！”

村民们听完异乡人的话后，忍不住交头接耳、议论纷纷起来。过了一阵子，有的村民就把自家的大锅搬到现场，有的村民搬来了自家的大火炉，有的村民则心甘情愿地提供炭火，也有的村民兴致勃勃地开始忙活着生火……总之，整个村庄的人都围着村庄中央的空地，耐心等待异乡人开始表演。

异乡人先是煞有介事地在大锅中倒了一些花生油，并将自己准备的一把青菜放入锅里，同所谓的“魔法石”一并翻炒。稍过片刻，便用一种遗憾的口吻对村民们说：“这么一点点青菜，哪里够这么多人品尝呢？假如能够再多炒一点菜，那么在场的人就都可以品尝到了。”

于是，村民们纷纷跑回家，拿青菜过来。异乡人将这些青菜也放入锅中翻炒。估摸着火候差不多的时候，异乡人自己先试吃了一口，随后手舞足蹈地大声说：“简直是人间美味！假如可以再加一点盐，或是一点肉丝，那味道就更好啦！”

众人听后口水直流，盐、肉和其他的调味品也很快传到了异乡人的手上。没过多长时间，异乡人所用的大锅中就已经放满了佳肴。这盘菜刚炒好端上餐桌，就被众人你一口我一口，吃了个盘底朝天。村民们发现，这果真是天底下最好吃的一道菜！于是，个个欢呼雀跃，脸上纷纷露出了久违的笑容！村长见状，也是满心欢喜。

聪明的你，肯定已经识透了异乡人的魔术秘密吧。

事实上，这块魔法石并没有什么特别的威力，因为真正起作用的是村民们不计前嫌、乐意付出的态度。你拿出一点盐，我献出一点肉，有道是“众人拾柴火焰高”，大家团结协作炒出来的菜，成为天底下最好吃的一道菜，自然在意料之中。

“浮生若梦，世事无常。”今日尚围桌共餐的两个人，明日可能就要各奔东西，何必计较太多呢。如果能抛开隔阂，敞开心扉，珍惜与他人相处的分分秒秒，你就会懂得，山珍海味并非是天底下最美味的佳肴，人情的滋味才是令人回味无穷的绝妙大餐。

一个人计较的越多，并不意味着他得到的就会越多。如果整日计较自己拥有的“够不够多”，是极容易将自己心中真实需要的那份快乐忽略的，进而变得郁郁寡欢、满脸愁容。只要我们将这个心结解开，生活得更轻松、更快乐、更幸福，其实并不是一件困难的事情。

事实上，但凡生活中的智者都懂得四个字：“有所不为。”他们计较的只是对自己最重要的事物，而且还明白什么年龄应该计较什么，不应该计较什么，有取有舍，收放自如。

当你开始计较，你便开始烦恼。计较之于烦恼，就好比磁石之于铁屑。换言之，计较堪称一块吸引烦恼的磁石。如果你对事情过于计较，烦恼重重自然是不可避免的。

烦恼是因为内心抱怨不休

早上起床晚了，抱怨的人会想“唉！又要扣工资了”。

路上走路，与别人撞了一下，抱怨的人会想“没长眼睛啊”。

到了公司，有个同事对面走过连个招呼也没打，抱怨的人会想“对我有意见？我还懒得理你呢”。

工作上辛辛苦苦完成了一个任务，自认为无可挑剔，哪知交上去了才发现还有个小错误，抱怨的人会想“为什么事先没想到啊，真是白辛苦了”。

喝口水呛着了，抱怨的人会想“怎么这么倒霉，喝水都要找我麻烦”。

下班了，领导说大家留一下，晚上要开会，抱怨的人会想“又开会，怎么不在工作时间开啊？我女朋友的约会怎么办”。

晚上回到家，累得不行，抱怨的人会想“为什么生活会这么累啊”。

失败者会抱怨：“为什么老天总是不开眼？为什么失败的总是我？”

失业者会抱怨：“为什么伯乐总是那么少？为什么没有人赏识我？”

贫穷者会抱怨："为什么财神总是不眷顾我？为什么我要过苦日子？"

病患者会抱怨："为什么病魔总是缠着我？为什么我没有一个健康的身体？"

富人会抱怨："为什么他比我有钱？为什么他有钱还很悠闲？"

哲人会抱怨："难道真的是高处不胜寒？为什么没有人接受我的理念？"

抱怨，是一件随时随地都会发生的事情。

抱怨的人每天都有烦恼，活得太累。

也许贫困的生活像枷锁一样困扰着你，没有亲朋好友，无依无靠地生活在异乡他国。你急切地希望减轻自己身上沉重的负担。然而，仿佛陷入黑暗的深渊之中，负担是如此沉重。于是，你不停地抱怨，感叹命运对自己的不公，抱怨自己的父母、自己的老板，抱怨上苍为何如此不公，让你遭受贫困，却赐予他人富足和安逸。

停止你的抱怨吧，让烦躁的心平静下来。你所埋怨的并不是导致你贫困的原因，根本原因就在你自身。你抱怨的行为本身，正说明你倒霉的处境是咎由自取。

喜欢抱怨的人在世上没有立足之地，烦恼忧愁就是心灵的杀手。缺少良好的心态，就如同收紧了身上的锁链，将自己紧紧束缚在黑暗之中。

没有人会因为坏脾气和消极负面的心态而获得奖励和提升。仔细观察任何一个管理健全的机构，你会发现，最成功的人往往是那些积极进取、乐于助人，能适时给他人鼓励和赞美的人。身居高位之人，往往会鼓励他人像自己一样快乐和热情。但是，依然有些人无法体会这种用意，将诉苦和抱怨视为理所当然。

抱怨是本经，里面写满了“烦恼”。抱怨，早已成为了现代人的通病。有病不治，病情势必会恶化，最终让人在抱怨的轮回中陷入痛苦的深渊。寻找爱抱怨的原因，追本溯源地去审视自己：我在抱怨什么，我为什么会抱怨，怎样才能不抱怨，只有找到病因，积极“治疗”，你才能彻底根治抱怨的坏习惯，从而拥抱成功。

烦恼是因为内心不堪重负

现代人太忙了，忙碌烦躁，是多数人生活的写照。

每天总是忙、忙、忙，越忙碌，就越觉得生活茫然。不知为何要这么忙，却又是忙、忙、忙。于是，盲目、忙碌、茫然，成天游来荡去，累了、烦了，却还是摆脱不了。忙碌仿佛成了一种惯性，而一旦脱离了这种惯性，整个人又似没有了魂的幽灵，整天晃来荡去不知所措。偶尔工作的余暇有片刻的松懈，又仿佛是偷来的快乐，不敢受用。

商界一个名人在接受采访时说道：“我每天工作超过18个小时！常常是连吃饭的时间都在工作！”而此人得到的结果竟是吃了几场官司，坐了一次牢狱，并最终于47岁英年早逝。虽然累积了几亿财富，但在世时他得到的似乎仅仅是忙碌和烦躁而已。

忙碌已非一种状况，而成了一种习惯。没有人喜欢忙碌，但不忙碌又害怕自己会落伍，会被社会所淘汰。对于大多数人来说，淘汰的危机与发展的危机并存，因此许多人都处在不穷也不富的尴尬阶段，放弃工作便一穷二白，停下脚步便身心皆空。于是，只能马不停蹄地向前奔，只能用透支的身体作为生命中唯一的本钱，为

“希望中的未来”而辛苦奔波。

没见过一个发条永远上得十足的表会走得长久；没见过一个马力经常加到极限的车会用得长久；没见过一个绷得过紧的琴弦不易断；也没见过一个心情日夜紧张的人不易得病。人们在尘世的喧嚣中日复一日地进行着各自的奔波劳碌，像蜜蜂般振动着生活的羽翅，难免会有种种不安。所以，我们何不放慢脚步，静下心来想想，每分每秒的忙碌，除了累坏了身体，增加了脸上的皱纹外，我们又得到了什么？细细品味其中的甘苦，只要我们平静地对待忙碌，适时放慢生活的脚步，轻松地放飞自己的心灵，用透明的情绪观察周围的一切，就会发现，其实，生活中除了工作之外，还有很多美好的东西在向我们招手。

花开花谢总要有个生命的周期，花开时尽情美丽，不开花时默默孕育。奔波劳苦中记着放慢脚步，低头欣赏一下路边的花草，抬头看一下远处的风景，细心体会一下生活的乐趣，会让你走得更好、更远。

烦恼是因为内心在乎面子

死要面子活受罪，这话说得一点也不假。生活中，总有一些爱慕虚荣的人为了面子而给自己找罪受。有些人越是没钱，越爱装阔，兜里明明没有几个钱了，却仍要请朋友进高档饭馆好好吃一顿；对方明明比自己富裕很多，自己却总是抢着埋单；与人谈天，总要有意无意与别人说一些自己吃过的大餐，去过的高级场所。仔细想想，要这虚荣有何用呢？只是自己给自己找罪受。吃好喝好体面地满足虚荣之后，自己却食无米、穿无衣、住无所、行无鞋，困兽一般憋在角落里，何苦呢？由此想到一个比喻：死鸡撑硬脚。鸡虽然死了，可它的脚却还在硬撑着。想想确实有点可笑，死都死了，还硬撑个什么劲儿啊？！

究其爱面子的心理，根源就在于怕别人瞧不起自己，内心忐忑不安，所以当他们面对一件商品时，往往考虑虚荣比考虑价格的时候多，没钱的自卑像魔鬼一样缠得他们犹豫不决，最终屈服于虚荣，勉强买下自己能力所不能及的东西。于是，社会中有了一种怪现象，越穷的人越不喜欢廉价品，越是没有钱的人就越爱花钱去显示自己。

其实，真正有钱的人未必会如此大手大脚。有位拥有数家公司的董事长，他从来不在乎别人对他的称呼——小气财神。他和朋友去餐馆吃饭时，大都随便点一些菜，几杯清茶，仅此而已。他的衣着也很普通，但整洁，并不是什么名牌。他的车子也不是奔驰宝马，就是普普通通的一辆车而已。他的公司业绩很好，而且个人的资产也不菲，但他依然能够不被虚荣所累。

如果你再留心看那些旅游观光的外国客人，他们的穿着打扮，都是很随便和俭朴的，有的真是近于邋遢，事实上，这些人中不乏富豪之人。

面子有时是唬人的面具，光为面子活着是很累、很可悲的，其实，一个人有无面子的关键不是富与不富的问题，而在于一个人的品德。有时，“里子”比面子更重要。

烦恼是因为内心苛求完美

罂粟花看似美丽，但它背后却是一个黑洞。完美主义就犹如这罂粟花一样美丽、诱人，大家都在追求它。可是完美的东西是不存在的，有些人为了追求这虚无缥缈的东西而走火入魔。当完美主义到了一种极端的状态是非常可怕的，认为任何东西都不能存在不完美，必须要完美无缺不可，越是完美就越觉得不完美，就越觉得痛苦。适度的完美主义是有益的，但如果到了一种极端的地步，就像美丽的罂粟花一样，外表美丽，背后却是万丈深渊，甚至是一种心理疾病。

完美主义的问题正是在于“恐惧缺憾”，害怕令人失望从而避免感到内疚，因此也是一种心理疾病。

玛丽一直是一个追求完美主义的人：工作做得得心应手，一路高升；与上下级相处融洽，在纷繁的人事关系中游刃有余；生活中的大事小事，事前会作出合理安排，不出差错；多年来一直保持苗条身材，体重上下幅度精确到500克……

可在准备与人约会的时候却出了问题，她用两个多小时去做发型、精心化妆和仔细挑选衣着，但始终觉得不满意，最后沮丧地取消了约会，谁也没见。

像玛丽这样就属于典型的一种病了。耶鲁大学心理学教授高兰·沙哈博士说：“这是一种‘流行病’，我们所处的社会对人们提出的要求就是：不断作出成绩。”这些完美主义者们即使事情最终成功地完成了，也还是不会快乐，他们更在乎的是：“那又怎么样呢？”“接下来的事情能成功吗？”这些人总是对自己提出很高要求。久而久之，便会心生烦恼、积郁成疾。

完美主义者不管对人还是对事，都高标准、严要求，力争尽善尽美。心理学将完美主义者分为三种类型：

一是“要求他人”型，为别人设下高标准，不允许别人犯错误，这类人往往人际关系糟糕，婚姻一般会遭遇失败。

二是“要求自我”型，给自己设下高标准，而且追求完美的动力完全是出于自己，这类人容易陷入自我批判和情绪沮丧之中。

三是“被人要求”型，总感觉别人对自己有更高的期望，于是为之不断努力，这类人则容易陷入忧郁，甚至会产生自杀的想法。

心理学家的治疗方法之一，是让患者换一种新的思路，即尝试不完美。比如一位女性，她总是苛求自己在角色中做得更好些。于是，心理学家便告诉她，每天工作的时间不要超过下午5点，而以前她会一直工作到7点。不用天天都在家里吃自己做的饭，可以固定安排一顿晚饭在外面吃。慢慢地，便有所改变。

世事并不尽如人意，生活并不完美。追求完美，但不苛求完美。我们应该客观地看待一切事物，欣赏它美的一面，同时也要包容它的不完美。

烦恼是因为内心嫉妒好攀比

这样的事情我们经常能见到——

“你看，人家的老公多威风。三楼的阿强开个出租车，一个月挣三四千没问题。对面的老张坐在家中搞写作，每个月的稿费单就有几十张，少说也有两三千。你看你，钱没钱，车没车，单位又不好，我怎么这样没福气，当初看上你了呢？”

人比人是一种较常见的心理活动，若能以积极的心态进行比较，不仅没有什么害处，还可激励人们的斗志，鼓舞奋发进取精神。反之，若用消极的心态攀比，不仅会迷失方向，甚至可点燃嫉妒之火，所谓“人比人，气死人”就是嫉妒心理作怪的恶果。所以关键在于你与人比什么？怎么比？

现实生活中“人比人，气死人”的事虽不多见，但把人气得够呛的却不少见，在一些私心较重、心理欲望较高的人群中发生的概率会更高些。这些人往往心胸较窄，好以己之长比人之短，好计较个人名利得失，这样越比就会越感到自己是“吃了亏”或“运气不好”，甚至埋怨自己“生不逢时”。如看到自己的同事、同学当了官、发了财或学业上有了成就，自己的心里就不平衡，老想当初他学习不如自己，进步也没我快等往事，可就是不去追究他后来进步快的原因或动力。

当然，社会上的事情错综复杂，不排除机遇与运气方面的因素，什么事都要公平、合理是根本不可能的。对此需要有一颗平常心，这样就可以省去许多麻烦。假使你事事斤斤计较，什么都要分个高低，就难免掉进自找烦恼的泥坑。

“有比较才有鉴别”是一句名言，如果我们在与人的比较中把自己摆到一个客观、公正的位置，实事求是地进行比较，既有自知之明，又有知人之明，这样越比心胸越开阔，越比越会及时发现自己的不足，明确前进的方向，激励自己奋发进取。

有位学者讲过这样一句名言：“弱者的思路是嫉妒，强者的出路是竞争。”当我们在与别人相比时，为什么不改变一下自己的思维方式呢？变消极的心态为积极的心态，变嫉妒为竞争，必然会迸发出一种巨大的动力，在人生的舞台上演出更加精彩的一幕。

烦恼是因为内心自卑

当我们迷失在自卑中的时候，就会对生活缺乏勇气，不敢与他人相抗衡，致使自己在烦恼和痛苦的陷阱中挣扎。有谁愿意成为一个自卑的人呢？大概没有。但每个人多多少少都会有一些自卑，所以我们要把“自卑”这棵腐烂的枯草从内心深处拔出来，扔得远远的，这样才能挺胸抬头，脸上才能闪耀自信的微笑。

自己瞧自己不顺眼，总觉得自己矮人一头，这就是自卑。当然这“不顺眼”“矮一头”都是以别人为参照物的。“我皮肤黑”，是和别人比而显得黑；“我个矮”，矮是相对于高而言的；“我眼睛小”，世界上有许多大眼睛的人，才衬托出了你的小。这些和别人不一样的地方实实在在摆在那里，让你藏不了躲不了改不了忘不了，于是你有了自卑的理由。你可怜自己又恨自己，于是耗费了大量的时间精力，去改变或逃避这些“缺点”，但却常常收效甚微。

自卑会控制你的生活，在你有所决定、有所取舍的时候，去抹杀你的勇气与胆略。如果你由于自卑的打击，在忧郁的泥潭中越陷越深且无力自拔，结果沉沦于心灰意冷的“自卑情结”，那你最终也难以获得令人满意的结局。我们需要正视自卑的存在，不退缩，不蛮干，尽力克服，努力超越。

没有自信的人生，不仅在精神上存在懦弱、迷茫、疑惑和拘谨等许多缺陷，而且在实际行动上亦裹足不前，痛失机遇。

缺乏自信常常是性格软弱和事业不能成功的主要原因。一个人如果自惭形秽，那他就不会变成一个形象上佳的人。同样，如果他不相信自己的能力，那他就很难成为一个有能力的人。

许多人都过分关心外界的环境因素，处处表现得小心翼翼，以至于轻易地否定了自己。试想，你都没认可自己而自贬身价，别人又如何能认为你有价值呢？一个人如果陷入了自卑的泥潭，他能找到一万个理由说服自己不如别人。比如：我个子矮、我长得黑、我眼睛小、我不苗条、我家里条件不好、我学历不够，等等。一个人如果陷入了自卑，在人际交往中除了封闭自己以外，还有可能会低三下四。

由于自卑而焦虑，于是注意力分散了，从而破坏了自己的成功，即失败—自卑—焦虑—分散注意力—失败，这就是自卑者自己制造的恶性循环。

烦恼是因为遇事总往坏处想

有个长发公主叫雷凡莎，她头上披着很长很长的金发，长得很俊很美。雷凡莎自幼被囚禁在古堡的塔里，和她住在一起的老巫婆天天念叨雷凡莎长得很丑。

一天，一位年轻英俊的王子从塔下经过，被雷凡莎的美貌惊呆了。从这以后，他天天都要到这里来一饱眼福。雷凡莎从王子的眼睛里认清了自己的美丽，同时也从王子的眼睛里发现了自己的自由和未来。有一天，她终于放下头上长长的金发，让王子攀着长发爬上塔顶，把她从塔里解救出来。

囚禁雷凡莎的不是别人，正是她自己，那个老巫婆是使她迷失自我的魔鬼，她听信了魔鬼的话，以为自己长得很丑，不愿见人，就把自己囚禁在塔里。

人在很多时候不就像这个长发公主吗？人心很容易被种种烦恼和物欲所捆绑。那都是自己把自己关进去的，就像长发公主，对老巫婆的话信以为真，把自己囚禁起来。

就是因为自己心中的枷锁，我们凡事都要往坏处想，失败的想法深深套在心头，从而束缚了手脚，使自己停滞不前。

正是因为自己心中的枷锁，我们独特的创意被自己抹煞，认为自己无法成功；告诉自己，难以成为配偶心目中理想的另一半，无法成为孩子心目中理想的父母、父母心目中理想的孩子。然后，开始向环境低头，甚至于认命、怨天尤人。

仔细想想，很多时候，在人生的海洋中，我们犹如一只游动的鱼，本来可以自由自在地游动，寻找食物，欣赏海底世界的景色，享受生命的丰富情趣。但突然有一天，我们遇到了珊瑚礁，然后就不愿再动弹了，并且呐喊着说自己陷入了绝境。想想不可笑吗？自己给自己营造了心灵的监狱，然后钻进去，坐以待毙。

人生的确充满许多坎坷，许多愧疚，许多迷惘，许多无奈，稍不留神，我们就会被自己营造的心灵监狱所监禁。而心狱，是残害我们心灵的杀手，它在使心灵凋零的同时又严重地威胁着我们的健康。

巴特先生面临着工作上的瓶颈，他很想突破，但却觉得似乎总是有心无力。于是，他决定找职业生涯辅导专家咨询。

他来到了生涯发展中心，辅导老师为他分析了现状及瓶颈产生的原因，也和他共同拟订了未来的行动方案。

然而，经过了几次的协谈，巴特先生仍然在原地踏步，不论是分析现况或规划未来，在咨询的过程中，巴特先生最常说的一句话就是："我知道……但是……"例如：

"我知道我应该要努力走出一条属于自己的路，但是我担心自己的能力不够！"

"我知道自己最想做的是和艺术有关的工作，但是家人期望我当工程师。"

"我知道应该多运动，但是工作实在太忙了，没有时间。"

“我知道我要改一改自己的脾气，但是个性本来就不容易改变。”

虽然是一句看起来稀松平常，也常被挂在嘴边的话，然而，当我们也成为“巴特族”的一员，经常讲出这样的话时，就代表我们的思考模式已经习惯地朝向限制性的想法。

在日常生活中，我们经常不自觉地被一些习惯性的想法所限制，例如：

从来没有人这样做过，还是不要冒险吧！

以目前的状况，绝对不可能完成。

这样做别人会怎么想？

这怎么可能做得到呢？别傻了。

我看不出有什么可能性，不可能成功的。

我的学历（财力、人力…）不足，还是别妄想了。

心灵的力量是很大的，尤其是限制性或负面思考，形成了我们的内心对话，阻碍了我们迈向成长与成功的可能性。

一念情执，三千烦恼

一个即将出嫁的女孩，问了母亲一个问题：“妈妈，婚后我该怎样把握爱情呢？”母亲听了女儿的问话，温情地笑了笑，然后从地上捧起一捧沙。

女孩发现那捧沙子在母亲的手里，圆圆满满的，没有一点流失，没有一点撒落。

接着母亲用力将双手握紧，沙子立刻从母亲的指缝间泻落下来。待母亲再把手张开时，原来那捧沙子已所剩无几，其团团圆圆的形状早已被压得扁扁的，毫无美感可言。女孩望着母亲手中的沙子，领悟地点点头。

那位母亲是要告诉她的女儿：爱情无需刻意去把握，越是想抓牢自己的爱情，反而越容易失去自我、失去原则、失去彼此之间应该保持的宽容和谅解，爱情也会因此而变成毫无美感的形式。

每个人都希望自己永远拥有幸福美满的爱情，那么不妨学着用一捧沙的情怀来对待爱情，好好珍惜，好好把握，爱情必定会圆圆满满。

常听结过婚的人谈起自己婚后生活的不顺心。“婚姻是爱情的坟墓”，许多人都觉得这是一句至理名言。为什么两个人都极为珍视的结合最后会成为感情的障碍?

有人曾把婚姻分为四种：可恶的婚姻、可忍的婚姻、可过的婚姻和可意的婚姻。第一种因为其质量的低劣让人忍无可忍，肯定是要解散的，而最后一种则是一种理想，我们常用一个词来形容：神仙眷属。但这种婚姻就像一见钟情的爱情，可遇而不可求，我们的婚姻，大多是可忍或可过。它当然是不完美的，让人心酸而又无奈，继续下去不甘心，放弃又有太多的牵绊。它是我们心头的一个刺，隐隐地痛着，又拔不去。

放弃可恶的婚姻能轻易为自己找到足够的理由，并因此获得勇气。但放弃可过、可忍的婚姻，则需要一点破釜沉舟的果断，当然，还要有一些赌徒的冒险精神——谁知道，这是给自己一个机会，还是把自己逼向更危险的悬崖。许多离了数次婚又结了数次婚的人，还是没有寻找到他们理想的生活，这样的局面让他们沮丧，甚至没有再试一次的勇气。

但选择婚姻就像是射箭，无论你感觉自己瞄得有多准，在箭出去之后，它能否正中靶心，谁也不敢肯定——如果当时起了一阵微风，或者箭本身有些小故障，总之，一些不可预知的小意外常常令结果扑朔迷离。婚姻也充满了意外，我相信大多数男女在互赠钻戒的那一刻，心中欣喜不已，以为自己的婚姻肯定会是圆满的。但后来，他可能变心了，她可能失去了如玉的容颜，他失业了，她性格变恶劣了，这些在结婚前没有预想过的意外，一样样地凸显出来，让人措手不及。

其实，婚姻是一种有缺陷的生活，完美无缺的婚姻只存在于恋爱时的遐想里，当然，那些婚姻屡败者也许还固守着这个残破的理想。上帝总有些苛刻，他不会把所有的幸运降在同一个人身上，有爱情的不一定有金钱，有金钱的不一定有快乐，有快乐的不一定有健康，有健康的不一定有激情。向往和追求美满精致的婚姻，就像希望花园里的玫瑰全在一个清晨怒放，那是跟自己过不去。

破坏婚姻却比建设婚姻容易。许多被大家看好的婚姻因为当事人的漫不经心、吹毛求疵、急不可耐可能很快就破碎了。在众人眼里，粗陋不堪的婚姻，因为两个人用心、细致、锲而不舍的经营，就如一棵纤弱的树，后来居然能枝繁叶茂，郁郁葱葱。可忍或可过的婚姻大抵也是如此，当事人稍一怠慢，它可能很快就会枯萎、凋零。而双方用一种更积极的心态去修补、保养、维护，奇迹就会发生。

无穷的欲望，无尽的烦扰

欲望是把双刃剑，一半是天使，一半是恶魔，是划分善恶的起点。正如荀子所说：“人，生而有欲。”这欲望包括色欲、贪欲、报复欲、自私欲、好利欲、好权欲、征服欲……欲望可以使一个人的力量发挥到极致，也可逼得一个人献出一切，排除所有障碍，全速前进而无后顾之忧。我们做每一件事情，都应当充分发挥自己的能力。不论是参加考试，做工作报告还是参加运动竞赛，都该如此。

托尔斯泰写过这样一个故事：

有一个农夫，每天日出而作，日落而息，辛苦地耕种一小片贫瘠的土地，每天累死累活，收入却只是勉强可以糊口。

一位天使可怜农夫的境遇，想帮他的忙，于是对农夫说，只要他能不停地往前跑一圈，他跑过的地方就全部归他所有。

于是，农夫兴奋地朝前跑去。跑累了，想停下来休息一会儿，然而一想到家里的妻子儿女们都需要更多的土地来生活，又拼命地往前跑……

有人告诉他，你到该往回跑的时候了。不然，你就完了。农夫根本听不进去，他只想得到更多的土地、更多的金钱、更多的享受。于是，他不停地跑，竭尽所能……

可是，他终因心衰力竭，倒地而亡。生命没有了，土地没有了，一切都没有了，欲望使他失去了一切。

故事发人深省，正如《伊索寓言》里告诉我们的：“贪婪往往是祸患的根源。”那些因贪图更大的利益而把手中的东西丢弃的人，是愚蠢的。

对于我们来说，有些欲望是自然的，有些欲望则是无益的；在自然的欲望之中，有些是必需的，而另一些纯属过分的奢求；在必需的欲望之中，有些是幸福之所需，有些是身体安康之所需，有些是维持生命之所需……

苦恼往往源于无益的毫无节制的欲望。倘若一个人能克制欲望，他便为自己赢得了彻悟人生的幸福。在种种欲望之中，所有那些即使无法满足也不导致痛苦者，均属不必需之列。而当其所求之目标难以实现或似乎有可能带来危害时，此类欲望随即烟消云散……有些自然的欲望即使无法实现也不带来痛苦之感，人们却求之不舍。

其实，无论是拥有巨额财富，还是荣誉，还是芸芸众生的仰慕，或任何导致无穷欲望的身外之物，都无法了却心灵的烦扰，更不能带来真正的快乐……我们不可悖逆天性，须顺性而为。懂得适可而止的人，才能怀一颗平常善良之心；才能淡泊名利，对他人宽容；才能对生活不挑剔，不苛求，不怨恨。

一切苦乐，都是心在作怪

道吾禅师问云岩："观世音菩萨有千手千眼，请问，哪一只眼睛是正眼？"

云岩回答说："你晚上睡觉时，枕头掉到地下，你不用睁开眼睛，只需用手往地下一抓就找到了枕头。请问，你是用什么眼看到的枕头呢？"

道吾禅师听了之后，说，"喔！师兄，我懂了！遍身是眼。"

云岩禅师一笑，说："应当是通身是眼！"

"通身是眼"，意思就是说人可以通过心性来做出选择和判断。观世音菩萨的千眼就是通身之眼，其实就是心灵之眼、智慧之眼。

当我们用心去感受万物，用心去洞察世界时，能看见眼睛看不到的深刻之处。我们用眼睛看到的可能是万物萧条的惨状，但却能用心看到枯木逢春的希望；我们用眼睛看到的是含有泪水的绝望，但却能用心看到精神中强大的力量；用心做眼，能在死亡中看到生机，能在衰败中发现美丽，能在柴米油盐的琐碎生活中捕捉点滴的平凡和幸福，能在腐朽中见神奇……

用心做眼，便通身是眼，它能观照一切，洞察万物。心灵之眼，看到的常常是希望、光明和一切美好的东西，就犹如打开了一扇心窗，天地豁然变亮。打开心窗，以心做眼，就如超越了我们凡胎生长的肉眼，对一切遮挡和蒙蔽视线的灰尘杂念视而不见，内心一片清明澄澈。

我们都可看到墙壁的缝隙中，长出了不知名的小树、小花、小草。有更多攀爬类的树种，依实际状况，它们的生存环境应该算是很差的，没有土壤的培育，养分的供给，只靠雨水或露水维持生命。然而它们仍然存活得很好，枝叶茂盛，爬满了整面的墙壁。污泥中的莲花，在污泥之下长出的莲藕，提供了我们既爽口又富有营养的食物，而池面上的荷叶，虽被风吹或雨打而显现得枯黄叶破，但丝毫无损于绿叶衬托的作用，并支撑着花梗，使莲花绽放得更为摇曳生姿。自然界给我们最好的启示，不管环境是如何的恶劣，外界条件有着怎样的变化和影响，只要我们会用心灵之眼看待一切，展现在面前的永远都是生机无限。只要心灵之眼不曾蒙蔽，活着和生存就有意义。

因此，每天晨起给自己一个期望，当睁开眼睛之后，就想着我今天可以去做什么，并把它完成。活得有目标，做起事来才会更有劲，对自己许下的心愿，任谁都会很乐意，并且很勤快地完成它。在工作的过程中，不要去想今天我还有多少没完成的任务，不要去回想曾经犯下的错误，关键的是怎样调节出一个全新的心情，去发觉乐趣、激发脑力，甚至挖掘出更佳的创意，这都是我们能力的展现及潜能的发挥，也是自我理想的实现。生命的意义，并不一定要建立在丰功伟业上，任何一点小小的成果，也同样可以显示出生命的价值。

第二章

心莲朵朵开，一切烦恼皆可放下

放不下，是烦恼的源头。放下，是美好生活的必需。放下心中的烦恼，放下心中的欲望，放下人与人之间的摩擦，放下对功名利禄的刻意追求，才能给生命留一片绿荫。

“何以向上，唯有放下。”最重要的，是我们心里要开一朵洁净的莲花，以舒展的姿势站在生活的风里，用宽恕、耐心和爱，把日子铺成一条阳光的河，把生活妆扮成一座芬芳的花园。

心放不下，把心也给丢了

一个小沙弥刚吃完一只山杏，准备把杏核随手丢了时，被老方丈叫住了，老方丈对小沙弥说：“果核是树木的心脏，不要随手丢了，要把它播种在适宜的泥土里，唤醒一个涅槃似的再生梦。”

小沙弥就把那个真有些像心脏的杏核深浅适宜地埋在寺院的一个角落。一两个月之后，那颗杏核真的发芽了，长出了一片片心形的叶子。小沙弥感到由衷的喜悦，就跑去告诉老方丈。老方丈听后，脸上也露出了由衷的喜悦，他对小沙弥说：“树木的种子可以轮回树木的再生梦，人生的种子也可以涅槃人的梦想和愿望，你知道什么是人生的种子吗？”

小沙弥思忖了片刻，小声说：“我认为是人心。”

老方丈满意地点点头，语重心长地说：“人心就是生命的种子，把它播种在佛教里，能生成一棵菩提树；把它播种在艺术里，能生成一丛风景林。可是有不少人，在享受生命的同时，随手就把自己的心儿给丢了……”

脚把心带到远方，心又把脚带回故园。人这一生走来走去，其实只绕着这一颗心。常言说：“世上无难事，只怕有心人。”可是，现实生活中，又有多少人能真正地算得上有心人呢？试想，有多少人是在真正地按照自己想要的方式生活的呢？有多少人没有被物质和金钱的欲望牵着鼻子走呢？但是，再回过头来想想，心是自己的，如果迷失了，还有什么幸福和快乐可言呢，只有无尽的烦恼和痛苦。

也许有人会说，为了生活我们不得不违逆自己的心。其实不是，大多数人是为了满足自己物质与金钱欲望的需要，总是想得到更多，总想让一切都尽善尽美，为此，就要看别人的脸色行事，伪装自己，迎合他人。于是，也就不得不在夹缝中求生存，在烦恼中自责，在痛苦中周旋，令自己身心疲惫。

心灵的重负，最终让一颗曾经年轻的心变得苍老、无力，就像汪洋大海中一只漂泊的孤帆，找不到可以停泊的港湾。找回自己的心吧，清理掉一切杂念，放下思想上沉重的包袱，抛弃心灵上过重的负荷，别再受世俗的牵绊，重新找回那个曾经迷失的自我，过上属于自己的幸福生活。

心放不下，烦恼会越来越多

人生之所以有烦恼，大多是因为我们心中有东西放不下，放不下欲望，放不下名利，放不下计较，放不下痛苦。生命是一艘船，需要不断地精简装备，该放手时就放手，才能轻松前进，收获更多。

一个青年背着个大包裹千里迢迢跑来找无际大师，他说："大师，我是那样孤独、痛苦和寂寞，长期的跋涉使我疲倦到极点；我的鞋子破了，荆棘割破双脚；手也受伤了，流血不止；嗓子因为长久的呼喊而喑哑……为什么我还不能找到心中的阳光？"

大师问："你的大包裹里装的什么？"青年说："它对我可重要了。里面装的是我每一次跌倒时的痛苦，每一次受伤后的哭泣，每一次孤寂时的烦恼……靠着它，我才能走到您这儿来。"

于是，无际大师带青年来到河边，他们坐船过了河。上岸后，大师说："你扛了船赶路吧!""什么，扛了船赶路？"青年很惊讶，"它那么沉，我扛得动吗？""是的，孩子，你扛不动它。"大师微微一笑，说："过河时，船是有用的。但过了河，我们就要放下船赶路，否则，它会变成我们的包袱。痛苦、孤独、寂寞、灾难、眼泪，这些对人生都是有用的，它能使生命得到升华，但须臾不忘，就成了人生的包袱。放下它吧！孩子，生命不能负荷太重。”

青年放下包袱，继续赶路，他发觉自己的步子比以前轻快得多。原来，生命是可以不必如此沉重的。

经历是一笔财富，但它有时也会成为生命不能承受之重。所以要懂得放下，放下负累，放下一切烦恼，才能轻松上路，越走越欢愉。

我们很多时候羡慕在天空中自由自在飞翔的鸟儿，人，其实也该像这鸟儿一样的，欢呼于枝头，跳跃于林间，与清风嬉戏，与明月相伴，饮山泉，觅草虫，无拘无束，无羁无绊。这，才是鸟儿应有的生活，才是人类应有的生活。

然而，这世上终还有一些鸟儿因为忍受不了饥饿、干渴、孤独乃至于“爱情”的诱惑，从而成为笼中鸟，永永远远地失去了自由，成为人类的玩物。

与人类相比，鸟儿面对的诱惑要简单得多。而人类，却要面对来自红尘之中的种种诱惑。于是，人们往往在这些诱惑中迷失了自己，从而跌入了欲望的深渊，把自己装入了一个个打造精致的所谓“功名利禄”的金丝笼里。

这是鸟儿的悲哀，也是人类的悲哀。然而更为悲哀的是，鸟儿被囚禁于笼中，被人玩弄于股掌之上，仍欢呼雀跃，放声高歌，甚至于呢喃学语，博人欢心；而人类置身于功名利禄的包围中，仍自鸣得意，惟我独尊。这，应该说是一种更深层次的悲哀。

舍与得的禅机

烦恼是因为我们有所舍不得，舍不得放下，舍不得放下欲望，舍不得付出。

舍得、舍得，有舍才能得，聪明人懂得“舍”，笨人只想“得”。要想“得”，先需“舍”；没有“舍”，何来“得”。舍不得“舍”，得不到“得”。

舍弃是一种智慧，也是一种境界，懂得舍弃的人就舍弃了烦恼，而且往往会有大收获。

古时候，有个粗壮而个性鲁莽的侠士和一位温文儒雅的读书人打赌。读书人说，只要这位侠士能一个人在一间暗房里待上五年，他愿意把自己所有家产全都赠送给他。侠士爽块地答应了。

第一年因为寂寞难耐，孤独异常，侠士不断地吼叫、摔东西，脾气坏得吓人，但是他仍坚持着不愿放弃。第二年，为了打发无聊的时间，侠士向这位读书人借了一些书，从此他便以阅读消磨时间。没想到侠士从此沉醉于经书的研读，领悟到经书的博大精深。到了第五年，他开始静坐，思考人生的哲理。到了第五年的最后一晚，已经大彻大悟的侠士决定放弃唾手可得的万贯家产，只留了一张字条在屋子里，上面写着“进去出来”，随后不辞而别，开始了全新的人生旅程。

人在一生中最舍不得的就是这个“我”，这是最大的障碍，谁要是敢舍，舍掉自我，那么他就真的能大得。这就是大舍才能大得的道理。因为在你“松手”舍弃自我的一瞬间，你做到了一般人都不敢大舍的举动之后，你就会悟到生命的本质，从而获得心灵大自由、精神大解放、生活大机趣。

“舍”就是付出、是贡献、是投入，也是放弃，“得”是成果、是产出、是认同，也是拥有“舍得”者，实无所舍，亦无所得，是谓“舍得”。人生中有所得必会有所失，失中也会有得，得就是失，失就是得。舍舍得得，得得舍舍，其中自有奥妙与智慧待我们去发现、去领悟。

从前，有一个人家里老鼠成灾，主人就找了一只猫回来捕鼠。这只猫很会捕鼠，但是也咬鸡。一段时间后，主人家的老鼠没有了，同时鸡也差点儿被咬死了。于是，儿子对父亲说：“我们为什么还要留着一只专爱咬鸡的猫在家呢？”父亲告诉儿子说：“这里面有这样一个道理，老鼠不但偷吃我们的粮食，而且咬坏我们的衣服，如此横行下去，我们就会挨饿受冻；没有了鸡，我们只是暂时吃不上鸡罢了，但是比较一下，这和挨饿受冻又差着一大截，我们为什么要赶走猫呢？”

要想过上不挨饿受冻的日子，就必须养猫舍鸡，付出代价才能有回报，这就是要想取之，必先予之。可是，世人常常只想取之，不想予之，只想得，不想舍，贪得无厌，最后的结果只能是失去更多。舍是得的前提，敢大舍的人才能大得。

解开烦恼的绳结

有时我们心里会滋生莫名的烦恼，这主要是因为我们的心中都打了或多或少的绳结，它们的存在使我们不能痛快地享受生活的乐趣，无法看到人生的美景。

其实，我们都应该培养自己摆脱绳结的能力，这样才能使我们以一颗平常心来看待烦恼，进而摆脱烦恼。

古希腊的佛里几亚国王葛第士，以非常奇妙的方法在战车的轭上打了一串结。他预言：谁能打开这串结，谁就可以征服亚洲。一直到公元前334年，仍然没有一个人能成功地将结打开。

这时亚历山大率领军队入侵小亚细亚，他来到葛第士打了绳结的车前，毫不犹豫地拔剑砍断了绳结。后来，他果然占领了比希腊大50倍的波斯帝国。

另外有一个类似的故事。有一个小孩上山砍柴的时候被毒蛇咬伤了脚趾。他疼痛难忍，而医院却在很远的小镇里。孩子果断地用砍柴的镰刀砍断了自己的脚趾，然后忍着巨痛艰难地走到了医院。尽管他少了一个脚趾，但却用短暂的疼痛换来了自己的性命。

困扰我们的绳结不仅仅存在于我们的身边，也可能在我们的心中。

有一个年青人从家里出门，在路上看到了一件有趣的事，正好经过一家寺院，便想考考老禅师。他说："什么是团团转？"

"皆因绳未断。"老禅师随口答道。

年青人听了大吃一惊。

老禅师问道："什么事让你这样惊讶？"

"不，老师父，我惊讶的是，你是怎么知道的呢？"年青人说，"我今天在来的路上，看到了一头牛被绳子穿了鼻子，拴在树上，这头牛想离开这棵树，到草场上去吃草，谁知它转来转去，就是脱不开身。我以为师父没看见，肯定答不出来，没想到你一口就说中了。"

老禅师微笑道："你问的是事，我答的是理；你问的是牛被绳缚而不得脱，我答的是心被俗务纠缠而不得解脱，一理通百事啊。"

放得下烦恼，拿得起人生

“放下”，这是非常不容易做到的，人有了功名，就对功名放不下；有了金钱，就对金钱放不下，有了爱情，就对爱情放不下；有了事业，就对事业放不下。

我们肩上的重担，心上的压力，手上的花瓶都很难轻易放下这些重担与压力，可以说使人生活得非常艰苦，烦恼接连不断。必要的时候，佛陀指示的“放下”，不失为一条解脱烦恼、获得幸福之道！

我们常说：“拿得起，放得下。”其实，所谓“拿得起”，指的是人在踌躇满志时的心态，而“放得下”，则是指人在遭受挫折或者遇到困难或者办事不顺畅以及无奈之时应采取的态度，一个人来到世间，总会遇到顺逆之境、迁调之遇、进退之间的各种情形与变故的。范仲俺说“不以物喜，不以己悲”，有了这样一种心境，就能对大悲大喜、厚名重利看得很小很轻很淡，自然也就容易“放得下”了。

有一个叫秦裕的奥运会柔道金牌得主，在连续获得203场胜利之后却突然宣布退役，而那时他才28岁，因此引起很多人的猜测，以为他出了什么问题。其实不然，秦裕是明智的，因为他感觉到自己运动的巅峰状态已是昨日之事，而以往那种求胜的意志也迅速减退，他这才主动宣布撤退，去当了教练。

应该说，秦裕的选择虽然若有所失，甚至有些无奈，然而，从长远来看，却也是一种如释重负、坦然平和的选择，比起硬充好汉者来说，他是英雄，因为他毕竟是消隐于人生最高处的亮点上，给世人留下的毕竟是一个微笑。

一个职务，一种头衔，自然意味着一个人在社会上所取得的成就和地位，它的意义是不言而喻的。但是，凡事都有一个度。适可而止，于是心定，定而后能静，静而后能安。在生活中，懂得放下才能抛弃烦恼，懂得放下才能收获更多。

成功并不总是青睐于那些死守一个真理的执著者，还格外偏爱那些懂得适时放下的聪明人。要想达到自己的目标，我们固然要拿得起；但与此同时，当我们发现“此路不通”时，也要学会及时放下。片面地偏向任何一方，生命的天平都有可能发生难以控制的偏斜，到时再来补救可就来不及了。

有一种爱叫作放手

有个女孩年轻漂亮，出身豪门，自己又多才多艺，日子过得非常美好，以至于媒婆都快把她家的门槛给踩烂了。可是她一直不想结婚，她总认为还没见到她真正想要嫁的那个男孩。

直到有一天，女孩去逛庙会，在拥挤的人群中间，看见了一个年轻的男人，只是瞬间的驻足停留，女孩就感觉那个男人就是她苦苦等候的人了。

可惜，庙会上人太多，太拥挤了，她无法走到那个男人的身边，就这样眼睁睁地看着那个男人消失在人群中。

后来的两年里，女孩四处去寻找那个男人，但没有一点音讯。女孩日子一天天地过去，心也逐渐安静了，她知道，不到最后一天，他是不会出现的。一个五百年过去了！最后一天，女孩知道他会来了，但她的心中竟然不再冲动。

他来了，他还是穿着他最喜欢的白色长衫，脸还是那么俊美，女孩痴痴地看着他。

这一次，他没有急促地走过，因为，天太热了。

他走到大树底下，靠着树根，微微地闭上了双眼，他睡着了。

女孩抚摸到他了！那棵树就是她的化身，他就靠在她的身边！但是，她无法告知他，这千年的相思。她只有努力把树荫聚集起来，为他挡住狠毒的阳光，给他这份苦等千年的柔情。

男人小睡了一刻，就站起身来准备离去。在出发的前一刻，他抬头看了看这棵大树，又微微地抚摩了一下树干，是为了感激大树为他带来的清凉。

就在他消失在她的视线里的那一刻，佛祖显现了。

佛祖："你是不是还想做他的妻子？那你还得修炼……"

女孩安静地打断了佛祖的话："我是很想，但是不必了。"

"哦？"

"这样已经很好了，爱他，并不一定要做他的妻子。"

"哦！"

"他现在的妻子也像我这样受过苦吗？"

佛祖微微地点点头。

女孩微微一笑："我也能做到的，但是不必了。"

佛祖的脸上绽开了笑颜："这样很好，有个男孩可以少等一千年了，他为了能够看你一眼，已经修炼了两千年。"

有时候，我们以为自己懂得爱，单纯地以为喜欢就是爱，可是生活是残酷的，有些爱需要沉淀。

我们难免对爱情有几分贪婪之心，看到自己喜欢的人就不舍得，不放弃，想不顾一切地占为己有，包括我们对别人的爱和别人对我们的爱。

很多时候，我们长大了但却还像一个小孩子，喜欢死死抓着一个东西不放，不是因为真正的喜欢，有时甚至不知道它的用处，但就是紧紧抓着不放手。于是我们再也不能腾出手来抓住在我们面前稍纵即逝的心爱的人。

其实，爱是不能勉强的。我们应该给予自己所爱的人自由，让对方自由地决定任何事情，自由自在地按照自己的意愿去生活，而不是把自己的愿望强加给对方。放走自己所爱的人，通常不那么容易，但实际上也给自己平添烦恼、徒增痛苦。所以，与其勉强自己，强求别人，不如试着放手，给自己一个空间，也让对方幸福。

每一份感情都是美丽的，每一程的相伴也都令人沉醉的。可是，那些不能拥有的遗憾让我们更感缱绻；那些夜半无眠的思念让我们更觉留恋。感情这份问卷，永远没有标准答案，苦苦地追寻并不能让生活更圆满。也许只有留一点遗憾，留几丝伤感，才会让这份答卷更隽永、更久远。

摘掉面子这块烦恼的面具

如果你在追求成功，你就要放下你的面子，不要在乎你的地位，也不要在乎你以前的辉煌，应该努力使自己心态平静，做从零开始的准备，那样的话，你的路才会越走越宽。

有一位大学生，在校时成绩很好，大家对他的期望也很高，认为他必将有一番了不起的成就。

他是有成就，但不是在政府机关或在大公司里有成就，而是卖蚵子仔卖出了成就。

原来他是在毕业后不久，得知家乡附近的夜市有一个摊子要转让，他那时还没找到工作，就向家人“借钱”，把它买了下来。因为他对烹饪很有兴趣，便自己当老板，卖起蚵仔面线来。他的大学生身份曾招来很多不以为然的眼光，但却也为他招来不少生意。他自己倒从未对自己学非所用及高学低用产生过怀疑。

现在呢，他还在卖蚵仔面线，但也搞投资，钱赚得比一般人不知多多少倍。

“要放下面子，不要被面子所左右。”这是那位同学的口头禅和座名铭。“放下面子，路会越走越宽。”

那位同学如果不去卖蚵仔面线或许也会很有成就，但无论如何，他能放下大学生的面子，还是很令人佩服的。你不必学他非得去做类似的事情不可，但在必要的时候，实在也得要有他的勇气。

人的“面子”是一种“自我认同”，并不是什么不好的事，但这种“自我认同”也是一种“自我限制”，也就是说：“因为我是这种人，所以我不能去做那种事”，而自我认同越强的人，自我限制也越厉害，千金小姐不愿意和她的女同桌吃饭，博士不愿意当基层业务员，高级主管不愿意主动去找下级职员，知识分子不愿意去做“不用知识”的工作……他们认为，如果那样做，就会有损他的面子。

其实这种“面子”只会让人的路越走越窄，我并不是说有“面子”的人就不能有得意的人生，但我们相信，在非常时刻，如果还放不下面子，那么会让自己无路可走。像博士如果找不到工作，又不愿意当业务员，那只有挨饿了；如果能放下面子，那么路就越走越宽。

你如果想在社会上走出一条路来，那么就要放下面子，也就是：放下你的学历，放下你的家庭背景，放下你的面子，让自己回归到“普通人”。同时，也不要在乎别人的眼光和批评，做你认为值得做的事，走你认为值得走的路。

“放下面子”比放不下面子的人在竞争上多了几个优势：

能放下面子的人，他的思考富有高度的弹性，不会有刻板的观念，从而能吸收各种资讯，形成一个庞大而多样的资讯库，这将是他的本钱。

能放下面子的人能比别人早一步抓到好机会，也能比别人抓到更多的机会，因为他没有面子的顾虑。

没有什么烦恼放不下

有一个国王，他晚上做了个梦，梦见神人告诉他一句话，说只要记住这句话，就能够得到一辈子的幸福。然而醒后，国王竟然忘记了那句话。国王绞尽脑汁都没有想起来，于是问大臣，有没有一句话，听了以后会让人得到一辈子的幸福。大臣都摇头，好像没有。国王求一句箴言的消息很快就传开了。过了三个月，一个已经告老还乡的老臣求见国王，他对国王说他知道那句话，不过还请国王先给他一个戒指，他打算把那句话刻在戒指上。国王于是给了他一个戒指。两天后，老臣把戒指还给了国王。国王一看，戒指上赫然刻着“一切都会过去”六个字。国王顿时想起，这正是梦中神人说的话。

一切都会过去。请永远记住，每天都应该有一个新的开始，都应该有个积极的心态。千万不要让既成的事实成为一种包袱，既不要因为种种遭遇而垂头丧气不思进取，也不要因为过去的种种荣耀和成就而趾高气扬，不可一世。

人需要清空自己心中的一些沉淀，这些东西只会成为自己成长过程中的包袱，会成为自己烦恼和痛苦的根源，该放手时且放手。

很多东西，该放手的时候就要放手。放手是为了更好地获得。

对于荣誉，大可不必放在心上。荣誉是努力的副产品，其实在努力的过程中，人们已经体验到了成功。

有一对父子做瓷娃娃去卖。父亲做的瓷娃娃每个能卖五元钱，儿子刚开始做的时候，每个瓷娃娃只能卖一元钱，后来儿子很是努力，加上父亲总是鞭策他，他的瓷娃娃越做越好，很快就卖到了五元钱。到这个时候，儿子仍然没有放松努力，继续坚持，最后卖到了十元钱。儿子有些志得意满了，父亲狠狠批评了儿子。儿子很不服气，对父亲说：“我的瓷娃娃一个能卖十元钱，而你的只能卖五元钱，你有什么资格批评我？”父亲一听，长长地叹了一口气说：“以后你的瓷娃娃永远都只能卖十元钱了。”最后结果果然如此。父亲年轻的时候也跟儿子一样，因为他的父亲的瓷娃娃只能卖三元钱，等到自己做到五元钱的时候就志得意满了，所以卖了一辈子五元钱的瓷娃娃。

人难免有很多得意与失意。得意不必狂喜，失意不必伤悲。得意的时候应该想到会有失意之时，而失意的时候更应该明白成功或许就在这失意中。过去的都已经成为过去，在新的起点上，要取得成就，就必须有一种成功者的心态，而且不要将过去的经历当成包袱背在身上。

愈执著愈烦恼，愈放下愈自在

生活总是在取舍中进行，一味地取，只能让你的负担愈来愈重，烦恼越来越多，要知道有舍才有得，快乐也总在放弃之后。

人的情感就是这样，总是希望有所得，以为拥有的东西越多，自己就会越快乐。所以，这人之常情就迫使我们沿着追寻获得的路走下去。可是，有一天，我们忽然惊觉：我们的忧郁、无聊、烦恼、困惑、无奈、一切不快乐，都和我们的图谋有关，我们之所以不快乐，是我们渴望拥有的东西太多了，或者，太执著了，不知不觉，我们已经执迷在某个事物上了。

韩非子讲过这样一个故事：

一个人丢了一把斧子，他认准了是邻居家的小子偷的，于是，出来进去，怎么看都觉得像是那小子偷了斧子。在这个时候，他的心思都凝结在斧子上了，斧子就是他的世界，他的宇宙。后来，斧子找到了，他心头的迷雾才豁然开朗，怎么看都不像是那个小子偷的。仔细观察我们的日常生活，我们都有一把“丢失的斧子”，这“斧子”就是我们热衷而现在还没有得到的东西。

譬如说，你爱上了一个人，而她却不爱你，你的世界就微缩在对她的感情上了，她的一举手、一投足，衣裙细碎的声响，都足以吸引你的注意力，都能成为你快乐和痛苦的源泉。有时候，你明明知道那不是你的，却想去强求，或可能出于盲目自信，或过于相信精诚所至、金石为开，结果不断的努力，却遭来不断的挫折，弄得自己苦不堪言。世界上有很多事，不是我们努力就能实现的，有的靠缘分，有的靠机遇，有的我们能以看山看水的心情来欣赏，不是自己的不强求，无法得到的就放弃。

懂得放弃才有快乐，背着包袱走路总是很辛苦。在人世的生活里，应有一分出世的心情，说到底，是一种不把心思凝结在“斧子”上的心态。

我们在生活中，时刻都在取与舍之间选择，我们又总是渴望着取，渴望着占有，常常忽略了舍，忽略了占有的反面：放弃。懂得了放弃的真意，也就理解了“失之东隅，收之桑榆”的妙谛。多一点中和的思想，静观万物，体会与世界一样博大的诗意，我们自然会懂得适时地有所放弃，这正是我们消除一切烦恼，获得内心平衡，获得心灵自由的好方法。

捡走心中的落叶

鼎州禅师与小沙弥在庭院里读经，突然刮起一阵风，从树上落下了好多树叶，禅师就弯着腰，将树叶一片片地捡起来，放在口袋里，旁边的和尚说："禅师！不要捡了，反正明天一早，我们都会打扫的。"

鼎州禅师不以为然地说："话不能这么讲，我多捡一片，地上就会多一分干净啊！"

小沙弥又说："禅师，落叶这么多，您在前面捡，它后面又落下来，您怎么捡得完呢？"

鼎州禅师一边捡，一边继续开导："落叶不仅是在地面上，落叶也在我们心地上，我捡我心地上的落叶，终有捡完的时候。"

和尚听了之后，终于明白了禅师捡落叶的真正含义。

鼎州禅师捡落叶，不如说是捡心里的妄想烦恼，大地山河有多少落叶不去管它，心里的落叶捡一片少一片。禅者，只要当下安心，就立刻拥有了大千世界的一切。儒家主张凡事求诸己，禅者要求随其心净则国土净，故人人应随时随地除去自己心上的落叶。

人生犹如四季，风雨跌宕，岁岁枯荣。在我们的生活和工作中，处处充满竞争，纵然载誉归来，也难免磕磕碰碰甚至遍体鳞伤。所以，我们一定要抽出空闲和时间，观照自己心灵的诉说，体察心灵的脉动。一丝忧伤、一丝烦恼、一丝不安、一丝不快、一丝恐惧、一丝愤怒、一丝后悔、一丝抱怨等，可以暂住，但不可久留。

为了心灵不能承受之重，我们必须时刻捡走这些心中的落叶，清除这些可能蔓延丛生的杂草，还心底一缕清风、一轮明月。

放下无关紧要的“石块”

人生的选择最关键的是先挑出生命中的“大石块”，放下那些无关紧要的“石块”。否则你会终生错过，陷入无尽的烦恼，留下无尽的悔恨。

一天，时间管理专家为一商学院的学生们讲课。“我们来做个小试验。”专家拿出一个一加仑的广口瓶放在桌上。随后，他取出一堆拳头大小的石块，把它们一块块地放进瓶子里，直到石块高出瓶口再也放不下了。他问学生们：“瓶子满了吗？”所有的学生应道：“满了。”

“真的？”专家说道。说着他又取出一桶砾石，倒了一些进去，并敲击玻璃壁使砾石填满石块间的间隙。“现在瓶子满了吗？”这一次学生有些明白了，“可能还没有。”一位学生应道。“很好!”接着专家又拿出一桶沙子，把它慢慢倒进玻璃瓶。沙子填满了石块间的所有间隙。

他又一次问学生：“瓶子满了吗？”“没满！”学生们大声说。然后专家拿过一壶水倒进玻璃瓶直到水面与瓶口齐平。之后，他问学生们：“这个例子说明了什么？”一个学生举手发言：“它告诉我们，无论你的时间表多么紧凑，如果你真的再加把劲，还可以做更多的事!”

“说的很好。”专家说，“然而它的喻意还不仅仅在于此，这个例子告诉我们一个道理：如果你不先把大石块放进瓶子里，那么你就再也无法把它们放进去了。那么，什么是你生命中的‘大石块’呢？你的信仰、志向、学识……切切记住我们应先处理这些‘大石块’，否则将终生错过。”

寻找生命中的“大石块”的过程，其实便是一个自我规划的过程。在我们逐渐成长的过程中，我们生命中的“大石块”会越来越多，亲情、爱情、友情、事业、金钱、名利、虚荣……我们肩头的担子逐渐加重了。乍一想，似乎这些都是大石块，我们不舍得割舍其中的任意一个，于是我们只好背着所有的“石块”上路。

有五个人上了天堂，在争辩什么是人生最重要的东西。

第一个人指着头说：“理性才是最重要的。”

第二个人指着胸说：“爱才是最重要的。”

第三个人指着胃说：“食物才是最重要的。”

第四个人则说：“性才是最重要的。”

第五个人说：“你们说的都不对，因为宇宙间的一切都是相对的。”

上帝笑着说：“你们说一个活着的人如果得知自己下一秒就要死去，那么对于他来说什么最重要？”

其实，答案真的很简单，我们的生命最重要，既然如此，那生命以外的东西还有什么是不能放弃的呢？只要把得与失的心态调整好。任何东西，当我们得到时，好好珍惜，而失去时，看破及放下，如此烦恼不生，轻松自在，生命的真谛其实就这么简单。

一念放下，万般自在

从前，有个和尚，破衣芒鞋，云游四方。他在化缘的时候，常常背着一个布袋，人称“布袋和尚”。别人看他背着这么大一个布袋，以为是他们僧团用的、吃的，就一直不停地供养。后来和尚嫌一个布袋不够，就背了两个布袋出门化缘。

有一天，他装了两大袋满满的食物回去，走到半路，因为太重，就在路旁歇息打盹。突然，他听到有人说：“左边布袋，右边布袋，放下布袋，何其自在。”

他猛然惊醒，细心一想：对呀！我左边背一个布袋，右边背一个布袋，这么多东西缚住自己，压得人喘不过气来，如果能够全部放下，不是很轻松很自在吗？于是，他丢掉了两个布袋，幡然顿悟。

该放下时就放下，放不下就得不到，这是人生的哲理。舍得放下，是一种解脱，是一种破迷去执的重新选择。放下，不是外相上的决然摒弃，而是在心中对坚固执著的松缚，是心灵的完全放松。

人生在世，有太多的东西放不下。有的人追求功名，他放不下功名；有了金钱，就放不下金钱；有了爱情，就放不下爱情；有了嫉妒，就放不下嫉妒。整日忙碌不休的人，收获的往往只是焦虑和疲惫，我们的生活太忙碌了，工作和生活的压力让我们日复一日地在赶路，以至于我们很少停下来思考一下，就不断地被很多东西推着走，或者追逐着眼前的东西而去，而我们的灵魂早已落后在我们匆匆赶路的身后。

佛家云："勘破、放下、自在。"一个人只有经历了漫长的人生跋涉后，才会最终明白生命的意义，其实并不在于获得，而在于放下。只有当你放下足够多的时候，才能如脱钩的鱼，出岫的云，忘机的鸟，心无挂碍，来去自如，表里澄澈。正所谓"风来疏竹，风过而竹不留声；雁渡寒潭，雁去而潭不留影"，只有这样，你才会发现生命竟可以如此充实、如此美好，日日是好日，步步起清风！

放下烦恼，持鲜花行走

事事都看得开、放得下，才会心无挂念，烦恼不生，轻松快乐。

有一个富翁背着许多金银财宝，到远处去寻找快乐。可是走过了千山万水，也未能寻找到快乐，于是他沮丧地坐在山道旁。一农夫背着一大捆柴草从山上走下来，富翁说：“我是个令人羡慕的富翁。请问，为何没有快乐呢？”

农夫放下沉甸甸的柴草，舒心地揩着汗水：“快乐也很简单，放下就是快乐呀!”富翁顿时开悟：自己背负那么重的珠宝，老怕别人抢，总怕别人暗害，整日忧心忡忡，快乐从何而来？于是富翁用珠宝、钱财接济穷人，专做善事，他也尝到了快乐的味道。

时下，人们成天被名缰利锁缠身，何有快乐？成天陷入你争我夺的境地，快乐从何而言？成天心事重重，阴霾不开，快乐又在哪里？成天小肚鸡肠，心胸如豆，无法开豁，快乐又何处去寻？

非洲土著用一种奇特的狩猎方法捕捉狒狒：在一个固定的小木盒里面，装上狒狒爱吃的坚果，盒子上开一个小口，刚好够狒狒的前爪伸进去，狒狒一旦抓住坚果，爪子就抽不出来了。人们常常用这种方法捉到狒狒。因为狒狒有一种习性，不肯放下已经到手的东西。

人们总会嘲笑狒狒的愚蠢：为什么不松开爪子放下坚果逃命？但审视一下我们自己，也许就会发现，并不是只有狒狒才会犯这样的错误。

因为放不下到手的职务、待遇，有些人整天东奔西跑，荒废了正当的工作；因为放不下诱人的钱财，有人费尽心思，结果常常作茧自缚；因为放不下对权力的占有欲，有些人热衷于溜须拍马、行贿受贿，不惜丢弃自尊，一旦事情败露，后悔莫及……

“放下”是一个开心果，是一粒解烦丹，是一道欢喜禅。只要你心无挂碍，什么都看得开、放得下，何愁没有快乐的春莺在啼鸣，何愁没有快乐的泉溪在歌唱，何愁没有快乐的白云在飘荡，何愁没有快乐的鲜花在绽放！

放下包袱，持着鲜花行走，人生旅途就会芬芳四溢！

第三章

莫烦恼，你担心的事9成都不会发生

总是担心有什么事会发生？总是为未来担忧迷茫？总是顾虑别人在议论自己什么？总是担心什么时候上司会批评指责自己？总是担心梦想不能实现……

绝大部分烦恼都源自你的妄想、偏见、误解、杞人忧天。可以说，这些烦恼并没有实质内容可言。你担心的事，9成都不会发生，所谓的烦恼都是自找的。对于那些莫名的烦恼，大可不必放在心上，想开了，放下了，烦恼便会自动消失。

世上所有的烦恼都是自我的

一个烦恼少年四处寻找解脱烦恼之法。有一天，他来到一个山脚下。只见一片绿草丛中，一位牧童骑在牛背上，悠闲地吹着横笛、逍遥自在。

烦恼少年走上前去询问：“你能教我解脱烦恼之法吗？”

“解脱烦恼？嘻嘻！你学我吧，骑在牛背上，笛子一吹，什么烦恼就都没有了。”牧童说。烦恼少年试了试，不灵。

于是他又继续寻找。走啊走啊，不觉来到一条河边。岸上垂柳成荫，一位老翁坐在柳荫下，手持一根钓竿，正在垂钓。他神情怡然，自得其乐。

烦恼少年走上前去询问：“请问老翁，您能赐我解脱烦恼之法吗？”

老翁看了一眼面前忧郁的少年，慢声慢气地说：“来吧，孩子，跟我一起钓鱼，保管你没有烦恼。”烦恼少年试了试，不灵。

于是，他又继续寻找。不久，他遇到一位在路边石板上独自下棋的老翁，烦恼少年上前寻找解脱之法。

“哦！可怜的孩子，你继续向前走吧，前面有一座方寸山，山上有一个灵台洞，洞内有一个幽谷老人，他会教你解脱之法的。”老人一边说，一边自个儿下着棋。

烦恼少年谢过下棋老者，继续向前走。到了方寸山灵台洞，果然见一个长须老者独居其中。烦恼少年长揖一礼，向幽谷老人说明来意。幽谷老人微笑着摸摸长须，问道：“这么说你是来寻求解脱的？”

“对对对，恳请前辈不吝赐教，指点迷津。”烦恼少年说。

幽谷老人笑道：“请回答我的提问。”

“前辈请讲。”

“有谁捆住你了吗？”幽谷老人问。

“……没有。”烦恼少年先是一愣，而后回答。

“既然没有人捆住你，又谈何解脱呢？”老人说完，摸着长须，大笑而去。

烦恼少年先是一愣，继而顿悟：哦！是啊！又没有任何人捆绑我，我又何须寻求解脱？原来，我心目中的烦恼是自找的，我是自己捆住了自己啊！

所谓的烦恼都是自找的。对于那些莫名的烦恼，大可不必放在心上。世间本无事，庸人自扰之。想开了，放下了，烦恼便会自动消除，痛苦感也将化为乌有。你放不下，烦恼就会时刻跟着你。

人际关系的9成烦恼都会消失

实际上，我们都处于复杂的人际关系网中。甚至可以说，我们的绝大部分烦恼、不安和担心都源自人际关系。同事关系、邻里关系、同学关系、朋友关系、家人关系、兄弟姐妹关系、亲戚关系……在错综复杂的人际关系网中生存的我们，一旦某一层关系出现问题，就会陷入烦恼和不安之中。

“和那位上司脾气不和。无论我怎么努力，未来也是一片渺茫。”

“他看上去像个好人，其实是一个信不过的人。”

“……”

人类的一大特点是，大脑一旦被消极思想占据，就难以变消极为积极。不仅如此，通常情况下，随着时间的推移，负面感情会越酿越浓。与你相处不融洽的上司变为了无法相处的上司，无法信任的他变为了人品有问题的人……渐渐地，所有你认为有问题的人都会逐渐地变为你眼中的“恶人”。

其实，如果追溯人际关系的问题之源，我们就会发现，其实绝大多数都源于一些“微不足道的事情”。比如在某次会议上和上司意见不一致，朋友不小心忘了和自己的约定，等等。在那时那刻，在负面情绪的刺激下，你只看到了对方的某一面。即使明白这一点，你还是会戴上“有色眼镜”看他们。因为先入之见早已在你心中扎根。明明对方没有那么不靠谱，你还是会坚定地认为他就是那么不靠谱。而这正是先入之见最具有杀伤力的地方。

比如，你可曾有这样的体验？在与新工作搭档首次见面前，听到了周围人对这个人的评价：“据说那个人不好侍候。对了，明天就见到他了。这下麻烦大了，唉，希望一切顺利吧！”在你听到这样的评价后，不好侍候的“人物印象”已在你的心中扎根。如此一来，第二天的面谈会如何，也就不难想象了。即使对方是一位看起来沉默寡言，有些神经质，实际上心胸开阔的人，你也会因为你的先入之见而无法看清他的真实面目。在先入之见的束缚下，你始终小心谨慎地对待他，而最终的结果是惹人不快。

单凭先入之见判断某个人是一大忌讳，仅仅凭借一些“信息”，或自己的片面看法，就以厌烦的情绪和消极的态度否定对方的所有，肯定会错判一个人。因此，请摘下你的有色眼镜。如果我们摘下有色眼镜，用孩子般清澈的眼神去看人，我们就能在某个偶然的瞬间看到对方的真实姿态。

如果能发现对方的另一面，与你相处不融洽的上司会变成虽严厉但重视你的上司，无法信任的朋友会变成虽大大咧咧但值得你爱的人……在你眼里，他们个个都是“好人”。

在你带着负面情感消极评价他人的背后，实际上藏有一个戴着有色眼镜的你。只要摘掉有色眼镜，你的看法就会发生天翻地覆的变化。用不戴有色眼镜的眼睛看对方，对方的真实姿态也会越来越清晰地展现在你的面前。这个时候，你在人际交往中遇到的种种烦心事，由人际关系带来的种种烦恼和不安，都会消失得无影无踪了。

莫烦恼，90%的妄想都会消失

让我们心生烦恼的一个重要原因，是我们为不切实际的东西而妄想，妄加推测，妄加臆断，设想会得到这，拥有那，而一旦想象落空，心理就产生不平衡，怨天尤人。

有句禅语叫“莫妄想”，意思是“不要胡思乱想”。

或许大家都会将“妄想”解释为“毫无根据，不切实际的瞎想”，但禅学上的“妄想”，具有更深远的意味。

束缚内心之物、缠绕于心而久久不能放手之物，都是“妄想”的产物。“想得到什么”的私欲，“不想舍弃什么”的执著，属于“妄想”。而羡慕他人的心情，否定自我的想法，也是“妄想”的一种。

那么，人产生妄想的根源是什么呢?

答案是，人喜欢从“对立面”出发去比较事物。

比如，“生与死”“胜与负”“美与丑”“贫与富”“得与失”“喜欢与厌恶”等。“生”的对立面是“死”。比较这两者，人会觉得“生比死尊贵”。

“他真幸福，而我却一直时运不济。”

“为什么我总是吃亏，而他却一直得利？”

以一知万，有这种想法的人将陷入“羡慕他人、悲叹自己”的泥潭而不能自拔。

可以说，这种将注意力放在他人身上的人生姿态，是内心被妄想“束缚”的最佳印证。

请静下心来思考一个问题：“与他人比较”，有何积极意义？

有句禅语叫“悟无好恶”。从人际关系的角度解释，其意思是，评价他人时，应持客观的态度，不应流露出喜欢、厌恶（与自己相比，对方或优或劣）等情感。

日本曹洞宗开山鼻祖道远禅师也曾说：“他不是吾。”意思是，不论别人做过什么事，都不是自己的体验。别人努力奋进，不代表自己有所进步。想要进步，必须依靠自己的努力。

这句话告诉我们，不与任何人比较，不拿任何事与他人比较才是正确的人生态度。你是这样，他人也是如此。因为两者不同，所以“无法比较”。试图比较两个不相同的事物，只会徒增烦恼和不安。

如果能养成不与他人比较的生活态度，90%的妄想都会消失。如此一来，不仅心情会变得舒畅，生活也会备感轻松。

当你为琐事烦恼时，请想想“莫妄想”这句禅语。它是督促你“不与他人比较、相信自己”的最佳警句。

看不到的未来，就不要妄加预测

你是不是时常为不可预知的未来而感到焦虑不安、忧心忡忡、烦恼重重？

高考结束了。他对考试结果感到很失望，他一直感觉有好几道题自己做错了。他一遍遍地埋怨、责骂自己。看来这次高考是考砸了，自己的理想、自己的前途、自己的未来，全部化为泡影了。

他将高考复习资料、课本全部撕碎，然后抛向了空中。看着那些纷纷扬扬的纸屑，他感到眼前一片黑暗。

他记得，自己从小学到中学，学习成绩一直出类拔萃，获得的各种竞赛奖状贴满了家里的一面墙。自己对物理学非常感兴趣，渴望未来成为一名像霍金一样的物理学家，研究浩瀚深邃的宇宙空间。可是，这次考砸了，曾经的梦想、曾经的憧憬、曾经的激情，统统成为泡沫了。

他内心里充满了恐惧和焦灼，心如死灰。这座小城再也待不下去了，他感觉人们都在用异样的眼光看着自己。他要逃避，逃避到一个无人知晓自己的地方，然后隐姓埋名，度过一生。

他打点好一个简单的行囊，郁郁寡欢地离开了家门。他回过头去，再一次看了自己的家，泪水从眼眶里不禁夺眶而出。他擦去眼角的泪痕，将行囊用力在肩上紧了紧，然后，转身就要走开。

突然，传来一阵悦耳的自行车铃声。一位邮递员同志从车上下来，手里拿着通红的录取通知书，眼睛里绽放出喜悦的光芒，对他热情地说道："这位同学，你这是要到哪里去呀？你看，你的大学录取通知书来了。"

仿佛是一道闪电，划破了黑暗的天空。他欣喜地接过大学录取通知书，打开一看，正是他梦寐以求的大学。他顿时泪如泉涌，百感交集。没想到，那个可怕未来并没有来，那种可怕的未来，只是自己无端的臆想。而这无端的臆想，差一点毁了自己。

生活中，有一种未来，是自己的妄加猜测，而这种妄加的猜测，却不时被自己无限地放大，于是，这种被无限放大的未来，露出狰狞可怕的面孔，在不断吞噬着我们焦灼的内心，使我们身心变得疲惫不堪，烦恼不断，心如刀割。

未来，是一种看不清、道不明的遥远，看不到的未来，就不要妄加预测，不必给未来预支烦恼。把握好今天所走的每一步，不断地修正自己，看清自己，这才是一种聪明和智慧。

别烦躁，有些事要量力而行

我们常常过于高估自己的能力，去做一些自己力所不能及的事情，这也是我们内心烦恼的一大原因。知道自己的“力量”有多大是件非常重要的事。而实情是，很多人都对自己的实力一无所知。只要是领导安排的工作，都通通接受，无论是否是自己力所能及的事情。

我们应该知道，人只能做力所能及的事情。当某项工作超出了你的能力，你要么无法应对，要么无法做出成绩。无论哪种结果，都会给对方带来很大的麻烦。

而你也会因为自己“做不到”而焦虑、自责、懊恼，给自己增添很重的心理负担。不陷入这种状态的诀窍是知道“适可而止”，牢记“适可而止”。

所谓知道“适可而止”，即能准确把握自己的力量，做力所能及的事情。

知道“适可而止”的人，工作上自不用言说，所有事情都能应对自如，而这正是获得他人信赖的关键。因为你从来不“说大话”“夸海口”，所以自然能得到周围人的信赖。对自己力所不能及的事情，决不勉强自己。只有这样，你才不会失去自信，才不会烦恼自责，才能让内心保持平静。

可以说，知道“适可而止”是让人生维持平衡之态的重要诀窍。

那么，我们应该如何把握“适可而止”的度?

“只要不超过自己的‘力量’即可吧？”

话虽如此，但我们应该为自己创造一点成长的空间。换言之，我们应该让自己拥有“上升空间”。

比如，你的力量为“10分”，有份工作需要拥有“12分”能力的人来完成。

这时，如果你立马判断“这超过了我的力量范围，应该拒绝”，并不是正确的决定。

因为自己的“力量”与能力的“极限值”并不是一回事。以你现在的力量或许难以做到，但在拼命努力和挑战之后，未必做不到。“极限值”往往超过了你的力量。

当然，如果是需要“15分”“18分”能力的工作，拥有“10分”力量的人就难以应对。因为根本无法完成。

但是，用“10分”力量去挑战需要“12分”能力的工作，还在我们能力的可控范围内，我们有必要去挑战一下。

超越自己，不仅能创造人生佳绩，而且能收获自信、提升能力。当然，能力极限值也会有所提升。在成功超越自己后，下次还可以再接着挑战自己的能力极限。

知道“适可而止”，非常重要。与此同时，知道自己能力的“极限值”，也非常重要。请牢记这两点。

不在无法操控的事情上纠结烦恼

或许你会陷入一个误区：认为既然决定全力以赴地生活，就应该勇敢地挑战所有的不可能，必须想办法将不可能变为可能。

但是，面对我们无法操控的事情，最终我们还是无能为力。即使我们用尽全力、投入所有，事情也不会发生改变。在用尽全力之后，我们或疲惫不堪，或烦恼埋怨，或黯然神伤。

世上总有一些事是我们无法操控的，比如我们无法操控我们的生命。

比如，你可以让心脏停止跳动吗？心脏按照自己的节奏在运作，我们无法操控它。换言之，甚至连生命本身也是我们触手不可及之物、难以操控之物。

如果你意识到，连我们的生命——生存的前提，我们都无法操控，那么即使无法操控之事大量存在，你也不会觉得不可思议。如此一来，你自然也能轻松接受那些你无法操控的事情了。

自己觉得无法操控的事情，是什么，就是什么，只要如实接受即可。

不论你平日里多么重视健康，也可能会生病、受伤。

“明明十分注意健康问题，却生病了……这说明我的注意程度还不够。”即使你对生病一事懊恼不已，你能改变“已经生病”这个事实吗？答案是绝对改变不了。不仅如此，如果你一味地责备自己、唉声叹气，心情只会变得越来越糟糕。

有时候我们会因为身体某处受伤而变得行动不自如。这时，“不能像以前那样使唤身体了，怎么这么倒霉！”即使你诅咒自己的身体，身体机能也不能立马恢复如初。而且，受这种消极情绪的影响，你会在郁闷中度过每一天。

因为是你无法操控的事情，所以除了接受外别无他法。无论你是否试图挣扎反抗，最后都只能接受。

既然如此，为何不“欣然”接受呢？“是什么，就是什么”，才能做真实的自己。人只有接受真实的自己，才能活出属于自己的精彩。

如果接受“有些事情自己无法操控”的事实，你就能与现状“和平共处”，就能把注意力转向自己目前力所能及的事情上。因为你不再纠结于自己无法操控的事情，已能够以积极的心态努力做好“力所能及”的事情了。

除了健康问题以外，毫无疑问，什么地方都存在我们无法操控的事情。我们应该把注意力放在“力所能及”的事情上，而非我们无法操控的事情上，这样，我们才会少一些烦恼，多一些自在。

不是没人理解你，是你没和这个世界和解

阿豪是一个很有才华的年轻人，早在大学里的时候就被多家公司看好。大学一毕业，他就被一家大公司聘用为小组长。阿豪本来就是一个性格张扬的人，加上才华有了施展之地，因此他颇有些骄傲。谁知半年后，他却选择了辞职。

原来阿豪进公司后不久，小组便接了一个项目，这个项目难度系数高、工作量很大，因此需要多人通力合作才能完成，公司为此专门给他指定了六名组员。阿豪第一次做项目，自然希望能够做出优秀的成绩。他规定大家每天早来晚走，把时间和精力全部用在研究项目上。偏偏那六名组员都是老员工，本来就不满意被一名新人领导，因此根本就不遵守他的规定。这让阿豪很是恼火。身为小组长，他自然要和他们较真，因为骄傲，他的言辞间便充满了霸气和傲气，这一下惹恼了那六个组员，他们串通一气，把他孤立了起来。

俗话说："人心齐，泰山移。"一个团队如果想要成功，必须相互关心、相互激励，和睦合作。没有和睦的氛围，一个人的力量和智慧便会被浪费。一个团队，如果不能做到人心齐，那么便只是

一盘散沙，难成大器。当那六个组员不与他团结一致时，这个项目自然是以失败告终。

当郁闷的阿豪向上司解释的时候，上司却冷冷地告诉他，他没有带领团队的能力。被同事孤立，被上司误解，他感到异常孤独，最后他选择了辞职。

神情落寞、一脸烦恼的阿豪向他的朋友诉说苦衷："我也是为了团队着想，为了公司的项目着想，他们却都孤立我。你说我错在哪儿了？"朋友没有直接回答他，而是向他讲了一个最孤独的鲸鱼的故事。

"1989年时，科学家们发现并跟踪了一条鲸，它始终孤零零地独自在太平洋北部的海域里来回游逛。几十年过去了，人们发现这条鲸没有一个亲属和朋友，即使与别的鲸鱼擦身而过，也没有鲸鱼理它，它唱歌的时候没有鲸鱼搭理它，开心的时候没有鲸鱼理睬它，难过的时候也没有鲸鱼安慰它。"

听了关于这条鲸的故事后，再想起自身的遭遇，阿豪忍不住叹气道："唉，我觉得自己现在这么孤独已经够可怜的了，想不到这条鲸比我还要孤独。"

朋友问他："你想知道所有的鲸鱼都不理它的原因吗？"

"对啊，一个乞丐还有三个叫花子朋友呢。你看我虽然被上司和同事排挤，不还有你这个朋友嘛。为什么这些鲸鱼都不理它？"阿豪纳闷地问。

"原因很简单。"朋友告诉阿豪，"因为鲸鱼是通过发声频率来交流的。这只孤独鲸的频率有52赫兹，而正常鲸的频率只有15～25赫兹，它们的频率不在一个段位上，因此别的鲸鱼根本听不到它的发声，也就无法与它进行沟通和交流。”朋友听了这番话后，若有所思地低下了头。

在生活中，我们时常会陷入这样一种烦恼：觉得没人能真正理解我们，没有一个人能百分之百体会我们的感受。无论我们怎么努力融入周围人的生活，灵魂深处却总也得不到归属感。但我们如果静下心来审视自己就会发现，其实很多时候，是我们自身处于一个错位的频率中。

改变世界，不如改变自己

那年，小李大学毕业初入职场，年轻气盛，目空一切，一心一意想干出一番事业。因而处处表现自己，张扬自己，唯恐别人不知道自己的能力。还常常与人争风头，抢功劳。他满以为这样就会引起别人的关注，就会让领导发现自己，重用自己，就会在公司大展鸿图，出人头地。谁知，仅仅半年时间，他就被同事孤立了起来。

大家对小李爱理不理，不冷不热，甚至还有个别同事当面责难他，在背后诋毁他。对此，有一个好心的老同志提醒小李说：“小李，你初来乍到，别太锋芒毕露，先搞好与同事间的关系，毕竟你将来需要他们的支持和配合。”可是一向自负的小李哪能听进别人的意见，不以为然，认为同事那是嫉妒。

就这样，转眼一年过去了，尽管小李工作十分卖力，也做出了一定的业绩，但始终得不到同事的认可，也得不到领导的重视，还处处受到排挤和打压。愤恨之余，他不禁抱怨，抱怨同事心胸狭窄，容不得人；抱怨领导鼠目寸光，不能知人善用；抱怨社会世风日下，人才得不到重视。

于是，小李怀着一腔怨气辞了职。心想，此处不留爷，自有留爷处，是金子总会发光的，我就不信找不到一方属于自己的沃土。

很快，小李又找到了一份新的工作。但令人沮丧的是，在那儿他同样不受欢迎，不受器重。就在他打算再度辞职时，无意中读到一个故事。大意是，一只南飞的乌鸦在途中遇到一只鸽子，鸽子问道："乌鸦，你这是要飞到哪儿去呀？这里如此美丽，你为什么要离开呢？"乌鸦愤愤不平地回答说："其实，我也不想离开，可是这里的人都不喜欢我的叫声。所以，我决定飞到别的地方去，寻找属于自己的乐土。"鸽子听后，语重心长地劝说道："你别白费力气了，如果你不能改变自己的声音，你飞到哪儿都不会受欢迎的。"

读了这个故事，小李豁然开朗，一下子明白过来，既然不能改变别人，何不从改变自己开始呢？于是，他收起了高傲的心气，虚心地向身边的同事请教学习。无论大小事情，总是尽量为别人着想，尽量考虑到别人的感受。能让人处且让人，能容人处且容人，尊重他人，理解他人，努力地做好身边的每一件事。

当别人不理解我们时，我们应当首先告诉自己，肯定是自己某些方面做得不够好，还需要完善；当得不到领导的提拔时，告诉自己，肯定是自己的努力不够，还需要不断地提高；当完成了一项重要的任务时，告诉自己，没有什么值得骄傲的，这都是大家共同努力的结果。

一路走来，我们发现引领我们走向成功的不是别人，而是我们自己。与其枉费心机地想改变别人，或是没完没了地抱怨，不如从改变自己开始，或许你就会发现，世界从此不一样了。

慢慢来，一切都来得及

未来是什么样子？这恐怕是无数人想知道，却又无法得到答案的一个问题。的确，未来存在着很多不确定因素，谁又能说清将来是什么样子呢？

曾经，有一位老师给一群劣迹昭著、无可救药的学生上了一堂课。她在黑板上出了一道选择题，题目是：你认为以下三个人中哪个将来会成为世人仰慕的楷模？A笃信巫医，有两个情妇，有多年的吸烟史，而且嗜酒如命；B曾经两次被赶出办公室，每天要到中午才起床，每晚都要喝大约1公升的白兰地，而且曾经有过吸食鸦片的记录；C曾是国家的战斗英雄，一直保持素食习惯，热爱艺术，偶尔喝点酒，年轻时从未做过违法的事。

学生们几乎都选择了C。理由很简单，前两个人愚昧无知，不思进取，生活习惯比较差，将来不可能有什么大的作为；而第三个人则不同，他有着耀眼的功绩，有着明确的奋斗目标，有着良好的生活习惯，成为一个受人景仰的人完全有可能。

等学生们通通发过言后，这位老师微笑着，淡淡地说：“孩子们，你们说得很有道理，可你们的判断都错了。事实是，前两个人成了受人尊敬的英雄，而后一个人成了人人唾弃的杀人狂。这三个人分别是，美国总统富兰克林·罗斯福，英国首相温斯顿·丘吉尔，‘二战’头号战犯阿道夫·希特勒。”

学生们听后目瞪口呆，他们怎么也想不到这三个人的命运会有如此大的偏差。老师又接着说：“其实，一个人未来是什么样子，根本没有哪个人能说得准。人非圣贤，孰能无过。虽然过去你们身上有着这样或那样的不是，但如果你们能改过自新，重头再来，谁又能保证你们将来不会成为第二个罗斯福或丘吉尔呢？”

多年后，这群“问题”学生都成了社会上的精英人才。回首往事，他们依然感慨万千，原来过去真的不代表未来。过去成功，不等于现在成功，将来也成功；而过去失败，不等于现在失败，将来也失败。

没有人一生下来就注定是富翁，也没有人一生下来就注定是乞丐；没有人一辈子幸运，也没有人一辈子倒霉。无论你曾经是优秀还是拙劣，是轰轰烈烈还是平平淡淡，是幸运还是不幸，这都无关紧要，关键是你要对未来充满信心和希望。

在102岁以前，乔治·道森一直是一个默默无闻的人，直到90岁时他才猛然意识到自己的这一生都虚度了，似乎应该在这个世界上留下点儿什么。于是他随即进了扫盲班，开始学识字，学文化知识。后来他爱上了写作，并孜孜不倦地朝着这个方向前进，终于在他102岁那年，完成了自己的处女作《索古德的一生》。这本书刚刚上市就引起了巨大轰动，成为美国当时最畅销的书籍之一，乔治·道森也一下子从一个名不见经传的小人物，荣升为一个人们喜闻乐见的大作家。

乔治·道森告诉我们，一个人的命运完全掌握在自己的手中，你想成为一个什么样的人，想过什么样的生活，改与不改，什么时候改变，都完全取决于你自己。因此，不要为自己现在还没有成功而自责，也不要为自己现在还很平凡而烦恼，只要你想成为一个有价值的人，什么时候开始都不会晚。

第四章

若你心中有乐园，世界处处是花园

烦恼不是人生的主题，快乐才是生活的真谛。人生是愉快的，世界上之所以有那么多人感觉不到愉快，不过是因为他们没有用心去对待生活。

快乐从哪里来？快乐的钥匙掌握在我们的心中，当我们忧郁悲伤或者痛苦烦恼的时候，打开自己的心灵，清扫心中郁积的消极情绪，让快乐释放出来。快乐就是藏在心中的根，只有快乐的心灵，才能解除内心的烦恼。请记住：快乐是生活中的永恒主题。

国王的烦恼VS磨坊主的快乐

快乐像一枚鹅卵石，投进水池后，激起一片不断扩大的涟漪。

快乐一词并没有确切的定义。快乐的人之所以快乐，有许多理由。快乐的钥匙并不是财富和健康，因为我们发现有自感快乐的乞丐，久病卧床的病人，和所谓一事无成，毕生失败的人物。

从前，在迪河河畔住着一个磨坊主，他是英格兰最快活的人。他从早到晚总是忙忙碌碌，同时像云雀一样快活地唱歌。他是那样的乐观，以致使其他人都乐观起来。这一带的人都喜欢谈论他愉快的生活方式。终于，国王听说了他。

“我要去找这个奇怪的磨坊主谈谈。”他说，“也许他会告诉我怎样才能快乐。”

他一迈进磨坊，就听到磨坊主在唱：“我不羡慕任何人，不，不羡慕，因为我要多快活就有多快活。”

“我的朋友，”国王说，“我羡慕你，只要我能像你那样无忧无虑，我愿意和你换个位置。”

磨坊主笑了，给国王鞠了一躬。

“我肯定不和您调换位置，国王陛下。”他说。

“那么，告诉我，”国王说，“什么使你在这个满是灰尘的磨坊里如此高兴、快活呢？而我，身为国王，每天都忧心忡忡，烦闷苦恼。”

磨坊主又笑了，说道：“我不知道你为什么忧郁，但是我能简单地告诉你，我为什么高兴。我自食其力，我爱我的妻子和孩子，我爱我的朋友们。他们也爱我。我不欠任何人的钱。我为什么不应当快活呢?这里有这条迪河，每天它使我的磨坊运转，磨坊把谷物磨成面，养育我的妻子、孩子和我。”

“不要再说了。”国王说，“我羡慕你，你这顶落满灰尘的帽子比我这顶金冠更值钱。你的磨坊给你带来的，要比我的王国给我带来的还多。如果有更多的人像你这样，这个世界该是多么美好啊！”

衣食无忧、拥有天下的国王有烦恼，成天忙碌、为生活奔波的磨坊主也有快乐。每个人对快乐的感觉是不一样的。秋高气爽的日子，登高远眺是一种快乐，海边观潮也是一种快乐；细雨绵绵的日子，撑伞漫行是一种快乐；热闹时，疯狂舞动是一种快乐；冷落时，悄然独处也是一种快乐……快乐，是无处不在的，它对我们每个人都是公平的。生活中有许多人感受不到快乐的存在。

很多男人傲视群雄，女人则梦想倾倒众生，平平常常、实实在在地活着简直等同于无能。他们在付出或者即将付出的同时，想到更多的是社会的认可和回报。当熙熙攘攘皆为利己成为社会的流行病时，人们已逐渐沦为欲望的奴隶。说着言不由衷的话，做着身不由己的事，内心在希望与失落的煎熬中苦苦挣扎。于是，日落西山的万道霞光再也看不见了，风拂杨柳时的似水柔情变得无滋无味了。人们迷失了快乐，置身于烦恼和痛苦的深渊而无力自拔！

快乐，是只易受惊吓的小鸟，它需要一颗自由自在的心，在祥和宁静的心境里筑巢栖息。

快乐是一辈子，烦恼是一辈子

下面分享一个二战后军人的故事。

杰米·杜兰特是上一代的伟大艺人之一。他曾被邀参加一场慰问第二次世界大战退伍军人的演讲，但他告诉邀请单位自己行程很紧，连几分钟也抽不出来，不过假如让他作一段独白，然后马上离开赶赴另一场演讲的话，他愿意参加，安排演讲的负责人欣然同意。

当杰米走到台上，有趣的事发生了。他做完了独白，并没有立刻离开，掌声愈来愈响，他没有离去。他连续演讲了15分钟、20分钟、30分钟，最后，终于鞠躬下台，后台的人拦住他问道："我以为你只讲几分钟哩！怎么回事？"

杰米回答："我本打算离开，但我可以让你明白我为何留下，你自己看看第一排的观众便会明白。"

第一排坐着两个士兵，两人均在战争中失去一只手。一个人失去左手，另一个则失去右手。他们正在一起鼓掌，而且拍得又开心，又响亮。

不知大家读完这则故事时是否和我们一样，有一种心灵上的震撼。失去了手的士兵，他们身上体现了一种对自己的热爱以及对生命的珍惜。这都来自于他们对生命的感激。

那么，如果我们还活着，如果我们还不是特别的穷困潦倒，如果我们还有健全的四肢，我们有什么理由不对生命充满感激呢？

生活中，人总是在追求最大的幸福，具体地说，是想不断地提高自己的物质生活水平。

然而，太多的时候，生活并不是一帆风顺，事事如意。王子和公主的浪漫和幸福只是写在童话里的，那只是人们对美好生活的一种向往。生活中总是充满这样那样的不如意，让我们感到不快乐，烦恼忧虑。

大部分人误以为金钱是幸福的象征。也许我们正羡慕着别人的洋房、洋车以及手里大把大把的钞票。

但太多的例子证明，钱并不能使人感到最大程度的幸福。我们可以用钱买来舒适的床铺，但买不来良好的睡眠。我们可以用钱买来高档的化妆品，但我们买不来美丽。我们可以用钱买来漂亮的房子，但我们买不来幸福的家。我们可以用钱买来昂贵的保健品，但买不来健康。

因此，我们无法用金钱买来幸福，幸福不是写在我们脸上的，而是自己从心底感觉到的。

有人曾说过，“人之所以幸福，是他的心灵能感到幸福。”幸福其实很简单：它是家庭餐桌上的欢歌笑语；是我们生病时，亲友一句亲切的问候和祝福；是花前月下情人的牵手漫步；是和心爱的人白头到老。

幸福是一种感觉，它就藏匿在我们生活的空间中，是生活点点滴滴的汇聚。因此，每个人如果都知道乐观积极的态度可以使我们拥有幸福、希望、勇气和力量的话，就应该努力获取我们真正想要得到的东西。

人生是短暂的，如烟花般短暂炫目，转瞬即逝。快快乐乐是一辈子，愁眉苦脸的生活也要我们慢慢走过，那我们为什么不让自己活得轻松而又快乐呢？当我们选择了轻松快乐，就会觉得整个世界，乃至整个宇宙都在幸福快乐的笼罩之中。

人生快乐也是一辈子，痛苦也是一辈子，那我们为什么不让自己活得快乐、乐观一点儿呢？

你可以选择快乐，也可以选择烦恼

从某种意义上说，烦恼是一种态度，快乐也是一种态度。你可以选择烦恼，也可以选择快乐。播下一种行为，你就会收获一个习惯。播下一个习惯，你就会收获一种命运。用积极的心理态度，指挥你的思想，控制你的情绪，掌握你的命运。

杰瑞是个不同寻常的人。他的心情总是很好，而且对事物总是有正面的看法。

当有人问他近况如何时，他会答："我快乐无比。"

他是个饭店经理，却是个独特的经理。因为他换过几个饭店，而有几个饭店侍应生都跟着他跳槽。他天生就是个鼓舞者。

如果哪个雇员心情不好，杰瑞就会告诉他怎么去看事物的正面。

这样的生活态度实在让人好奇，终于有一天，他的朋友——比尔，对杰瑞说，这很难办到！一个人不可能总是看事情的光明面。

"你是怎么做到的？"比尔问道。

杰瑞答道："每天早上我一醒来就对自己说，杰瑞，你今天有两种选择，你可以选择心情愉快，也可以选择心情不好。我选择心情愉快。""每次有坏事发生时，我可以选择成为一个受害者，也可以选择从中学些东西。我选择从中学习。”“每次有人跑到我面前诉苦或抱怨，我可以选择接受他们的抱怨，也可以选择指出事情的正面。我选择后者。”

“是！对！可是没有那么容易吧。”比尔立刻声明。“就是有那么容易。”杰瑞答道，“人生就是选择。当你把无聊的东西都剔除后，每一种处境就是面临一个选择。你选择如何去面对各种处境。你选择别人的态度如何影响你的情绪。你选择心情舒畅还是糟糕透顶。归根结底，你自己选择如何面对人生。”

比尔受到杰瑞一番肺腑之言的影响。没有多久，他就离开了饭店业去开创自己的事业。

几年后，杰瑞出事了：有一天早上，他忘记了关后门，被三个持枪的强盗拦住了。强盗因为紧张而受了惊吓，对他开了枪。幸运的是，受伤的杰瑞被及时发现，送进了急诊室。经过18个小时的抢救和几个星期的精心照料，杰瑞出院了，只是仍有小部分弹片留在他的体内。

事情发生后6个月，比尔见到了杰瑞，问他近况如何，他答道：“我快乐无比。想不想看看我的伤疤？”比尔屈身去看了他的伤疤，又问他当强盗来时，他想些什么？“第一件在我脑海中浮现的事是，我应该关后门。”杰瑞答道，“当我躺在地上时，我对自己说有两个选择：一是死，一是活。我选择了活。”

“你不害怕吗?有没有失去知觉?”比尔问道。杰瑞继续说：“医护人员都很好。他们不断告诉我，我会好的。但当他们把我推进急诊室后，我看到他们脸上的表情，从他们的眼中，我读到了：他是个死人。我知道我需要采取一些行动了。”“你采取了什么行动?”比尔赶紧问。

“有个身强力壮的护士大声问我问题，她问我有没有对什么东西过敏。我马上答，有的。这时，所有的医生、护士都停下来等着我说下去。我深深地吸了一口气，然后大声吼道：‘子弹！’在一片大笑声中，我又说道：‘我选择活下来，请把我当活人来医，而不是死人。’”杰瑞活了下来，一方面要感谢医术高明的医生，另一方面得感谢他那惊人的生活态度。

生活充满了选择，杰瑞总是积极地选择正面，我们有什么理由去选择反面呢?

生活中的好运或倒霉的事，我们自己是很少能做得了主的。但是我们可以很好地选择我们自己所读的书籍，所参与的娱乐活动，所保持的友情关系，看待问题的角度。完美无缺的境界是达不到的，不过每个有智慧的人总该把他的幸福立足于他自身。对于全靠其他条件才能获致的幸福，如情感敏锐精细的人所追求的那些东西，他不去追求。但却一直坚信：如果我们每个人都能够学会选择，那么在你我的周围都能看到温暖的阳光。

自制一杯快乐“柠檬汁”

有一个人，他觉得自己从小到大都是一名失败者，失败永远陪伴在他的身边，因此他从来都不快乐。他感到上天的不公平，于是，他决定去寻找上帝，询问上帝快乐是什么。这个人翻山越岭，来到河边，见到一位老翁，就走过去问：“老人家，快乐是什么？”那位老人回答他：“快乐就是每天都能钓到鱼。”这位年轻人继续他的旅途，他渡过了河，来到了森林中，遇见一个正在赶路的中年男人，就问他：“快乐是什么？”那个中年男人回答他：“快乐就是每天都能捕获野兽。”

有一位住在美国佛罗里达州的快乐农场主，他曾创造了一个商业上的奇迹。在他当初买下那个农场时，那里土地贫瘠，各种果树都不适合种植，甚至连养猪也不适宜。除了一些矮灌木与响尾蛇，什么都难以生存，他几乎看不出这块土地还有什么用途。因此一开始，他的心情十分低落。后来他想到个好主意，他决定再投资，开发利用这些响尾蛇资源。于是他不顾大家的反对，开始把响尾蛇肉加工成罐头。而且，旅游资源也成了他的又一生财之道，每年有平均两万名游客到他的响尾蛇农庄来参观。游客到这里亲眼目睹毒液被抽出后送往实验室制作血清，蛇皮被他高价售给制鞋工厂生产女鞋与皮包，蛇肉罐头则运往世界各地。连当地邮戳都盖着“佛罗里达州响尾蛇村”，可见当地人都以这位把“毒柠檬”做成“甜柠檬汁”的农场主为荣。

快乐的人生态度，总能使人把不幸化为一种机会。哈里·爱默生·弗斯狄克曾语重心长地说：“真正的快乐不一定是愉悦的，它多半是一种思想上的胜利。”没错，快乐源自一种成就感，一种自我超越的胜利，一种将“酸柠檬”榨成“柠檬汁”的经历。

每天清晨都告诉自己：生活是如此美好，我感到很快乐。懂得为自己歌唱、为生活歌唱、为生命歌唱的人，快乐就会紧紧相随。当你快乐时，周围的人受到你的感染，也乐得心情舒爽、开朗，自然喜欢与你亲近。

一位哲人说：“快乐是幸福的开始和终结。”如果你没有给自己套上烦恼的精神枷锁，正确对待人生、对待事业，对待金钱与名利、对待人与人之间的关系，像一首歌所唱的：“人生短短何必计较太多，成功得失不用放在心头”，那么，我们的人生就是快乐的人生。

快乐不在于拥有的多，而在于计较的少

生活中有许多人每天在烦恼中度过，悲叹生命的有限和生活的艰辛，只有少数人能在有限的生命中活出自己的快乐。既然如此，我们为什么不放纵一下自己，去做一些自己喜欢的，平时想做却没有做的事情，为自己的快乐而活呢?

快乐是一种情绪。懂得了控制情绪的方法，你就已经站在了快乐的一方，看到鲜花时，你就会咧嘴微笑；看到流水，就会心旷神怡；看到青草，就会感到自己回归了大自然。人生在世，要为快乐而活，就要有多姿多彩的生活。

快乐是一种思想。不论贫穷与富有，只要思想快乐，你就是一个快乐的人。只要有快乐的心，就有快乐的容貌。生活是一种享受，快乐是生活的主题，生活是追求幸福的过程，快乐是幸福的内涵。生活中，每个人都应该为自己“找些快乐”。有这样一个故事:

一位富商花费巨资收藏了许多珍贵的古董、字画以及各种珍珠、翡翠等，为防失窃，他安装了严密的保安系统，平日里很少进去欣赏，只当成个人财富的一部分用来炫耀。

有一天，富商忽然心血来潮，决定请大厦清洁工进去开开眼界。

清洁工进去后，并未流露出艳羡之色，只是慢慢地逐一浏览，细细地欣赏。待步出厚厚的铁门时，富商忍不住地炫耀说："怎么样？看了这么多的好东西，不枉此生了吧？"

那个清洁工说："是啊，我现在感觉与你一样富有，而且比你更快乐。"

"怎么可能？"富商摇着头说道。

那个清洁工笑着答道："你所有的宝贝我都看过了，不就是与你一样富有了吗？而且我又不必为那些东西担心这担心那的，岂不比你更快乐？"

快乐不在于拥有多少，而在于感觉如何。只要有心去感受，快乐就会无处不在。生活的乐趣是对生命的热情，丧失这种热情，即使能像故事中的富商一样拥有很多的财富，也不一定能享受到生命的乐趣。

为自己的快乐而活，要敢于接受挑战和考验，在困难中，依然精神抖擞，向着目标前进；在苦难中，不忘仰望苍穹，轻轻哼唱，感激阳光雨水，赞美它的神奇与无私。快乐和烦恼是一体两面，经受不住烦恼的考验，也就难以体会真正的快乐。

为自己的快乐而活，但不可自私。快乐是无私的，为别人带来一份快乐的同时，自己也能得到同样的快乐，而带给别人烦恼的同时，自己也会得到一样的烦恼。

为自己的快乐而活，应顺其自然，不能乐昏了头，快乐就像春风，可以让人感到舒适，过了头则会乐极生悲，拂面的微风就会变成极具破坏力的狂风。

为自己的快乐而活，是一种洒脱，是一种境界，是最为成功的人生。

笑是解烦丹，一笑解千愁

笑声不仅可以解除忧愁，驱散烦恼，而且可以治疗各种病痛。微笑能加快肺部呼吸，增加肺活量，能促进血液循环，使血液获得更多的氧，从而更好地抵御各种病菌的入侵。

笑声还可以治疗心理疾病。印度有位医生在国内开设了多家“欢笑诊所”，专门用各种各样的笑：“哈哈”“开怀大笑”“吃吃”抿嘴偷笑、抱着胳膊会心地微笑等来治疗心情压抑等各种疾病。在美国的一些公园里都辟有欢笑乐园。每天有许多男女老少在那里站成一圈，一遍遍地哈哈大笑，进行“欢笑晨练”。

笑不仅具有医疗作用，而且生活中它还能产生人们意想不到的用途。有个王子，一天吃饭时，喉咙里卡了一根鱼刺，医生们束手无策。这时一位农民走过来，一个劲儿地扮鬼脸，逗得王子止不住地笑，终于吐出了鱼刺。

雪莱说过：“笑实在是仁爱的表现，快乐的源泉，亲近别人的桥梁。”笑是快乐的象征，是快乐的源泉。笑能化解生活中的尴尬，能缓解工作中的紧张气氛，也能淡化忧郁。一对夫妻因为一点生活琐事吵了半天，最后丈夫低头喝闷酒，不再搭理妻子。吵过之后，妻子先想通了，便想和丈夫和好，但又感到没有台阶可下，于是她便灵机一动，炒了一盘菜端给丈夫说：“吃吧，吃饱了我们接着吵”一句话把正在生闷气的丈夫给逗乐了，见丈夫真心地笑了，她自己也乐开了。就这样，一场矛盾在笑声中化解开来。

既然笑声有这么多的好处，我们有什么理由不让生活充满笑声呢？不妨给自己一个笑脸，让自己拥有一份坦然；还生活一片笑声，让自己勇敢地面对艰难。这是怎样的一种调解，怎样的一种豁达，怎样的一种鼓励啊！

赫尔岑有句名言说：“不仅要在乐观时微笑，也要学会在困难中微笑。”人生的道路上难免遇到这样那样的困难，时而让人举步维艰，时而让人悲观绝望；漫漫人生路有时让人看不到一点希望。这时，不妨给自己一个笑脸，让来自于心底的那份执著，鼓舞自己插上理想的翅膀，飞向最终的成功；让微笑激励自己产生前行的信心和动力，去战胜困难，闯过难关。

“清新、健康的笑，犹如夏天的一阵大雨，荡涤了人们心灵上的污泥、灰尘及所有的污垢，显露出善良与光明。”笑是生活的开心果，是无价之宝，但却不需花一分钱。所以，每个人都应学会以微笑面对生活。

一笑解千愁，当烦恼袭来时，不妨以微笑面对，让烦恼在笑声中烟消云散。

笑数一串烦恼珠

历史学家维尔·杜兰特希望在知识中寻找快乐，却只找到幻灭；他在旅行中寻找快乐，却只找到疲倦；他在财富中寻找快乐，却只找到纷乱忧虑；他在写作中寻找快乐，却只找到身心疲惫。有一天，他看见一个女人坐在车里等人，怀中抱着一个熟睡的婴儿。一个男人从火车上走下来，走到那对母子身边，温柔地亲吻女人和她怀中的婴儿，小心翼翼地不敢惊醒他。然后这一家人开车走了，留下杜兰特望着他们离去的方向深思。

常听人说，“心想事成”“万事如意”。实际情况却常常相反：“心想难以事成。”“不如意事常有八九。”喜怒哀乐本是人之常情，但是如果不加以调节，让不良情绪长期左右自己，就会有损于健康，甚至使人失去生活的信心。

现代心理医学研究表明：人的心理活动和人体的生理功能之间存在着内在联系。良好的情绪状态可以使生理处于最佳状态，反之则会降低或破坏某种功能，引发各种疾病。俗话说：“吃饭欢乐，胜似吃药。”说的就是良好的情绪能促进食欲，有利于消化。心不爽，则气不顺；气不顺，则病易生。难怪有的生理学家把情绪称为

“生命的指挥棒”“健康的寒暑表”。

许多医学专家认为，良好的情绪本身就是良医，人体85%的疾病可以自我控制，只要心情愉快，神经松弛，余下的15%也不全靠医生，病人的情绪和精神状态是个不可忽视的重要因素。

保持一颗平常心，做到仁爱、平静、理智、乐观、豁达，不以物喜，不以己悲，想得开，想得宽，想得远，对名利得失采取超然物外的态度，一切顺其自然，处之泰然。把风风雨雨、飞短流长统统置之脑后。对那些不愉快的事情，要拨开迷雾，化忧为喜。因为不管你遇到什么不顺心、不如意的事，如果整日愁眉不展，不但于事无补，反而有损身心健康。

法国作家大仲马说：“人生是一串用无数小烦恼组成的念珠，乐观的人是笑着数完这串念珠的。”一个人如果能乐观地对待不如意的事，自然会烦恼自消，愁肠自解。

栽一棵烦恼树，把烦恼挂起

当今社会，生活节奏紧张，生活中的变化总是不可避免地给人们带来种种烦恼。烦恼如果得不到及时排解，淤积于心，往往影响健康。长期下去，可引起胃溃疡、高血压、偏头痛和神经衰弱等疾病，甚至会成为癌症的“催化剂”。最致命的是，烦恼也传染，如果把烦恼带回家，家人的心情也会被搞坏，使整个气氛一下子紧张起来。

一个农场主，雇了一个水管工来安装农舍的水管。水管工的运气很糟，头一天，先是因为车子的轮胎爆裂，耽误了一个小时。再就是电钻坏了。最后呢，开来的那辆载重一吨的老爷车趴了窝。他收工后，雇主开车把他送回家去。到了家，水管工邀请雇主进去坐坐。在门口，满脸晦气的水管工没有马上进去，而沉默了一阵子，再伸出双手，抚摸门旁一棵小树的枝桠。

待到门打开，水管工笑逐颜开，和两个孩子紧紧拥抱，再给迎上来的妻子一个响亮的吻。在家里，水管工喜气洋洋地招待这位新朋友。雇主离开时，水管工陪他向车子走去。雇主按捺不住好奇心，问：“刚才你在门口的动作，有什么用意吗？”水管工爽快地回答：“有，这是我的‘烦恼树’。我到外头工作，磕磕碰碰，总是有的。可是烦恼不能带进门，这里头有太太和孩子嘛。我就把它们挂在树上，让老天爷管着，明天出门再拿走。奇怪的是，第二天我到树前去，‘烦恼’大半都不见了。”

多么神奇，烦恼也可以挂到树上！相信这个水管工的做法，会给我们很大的训示。

栽上一棵“烦恼树”，当我们苦恼的时候，可以向它倾诉，当我们愤怒的时候，可以向它发泄。“烦恼树”是枕边一双倾听的耳朵，可以听到我们的苦诉；“烦恼树”是亲昵的拥抱，可以抚慰受伤的心灵；“烦恼树”又是温暖的微笑……

栽上一棵烦恼树吧，朋友！它不一定在家门前，可以是无形的，栽在心田一角；可以是有形的，像水管工的“烦恼树”一样，可以是向朋友电话里的倾诉，可以是日记本里的宣泄。

美国前总统林肯“永不寄出的信件”，被公认为是消除怒气的烦恼的良方。一次，林肯的一位朋友愤愤不平地向林肯诉说了另一位朋友的无理。林肯听后不平地说：“你马上写信去痛骂他，往后不要与他来往。”信写后，却被林肯拿过来撕了，林肯笑着说：“我写过不少这样的信，但从来没有也永远不会寄出去，我们可以尽情地倾诉心中的不快，但没有理由去伤害他人。”这位朋友通过写信，烦恼与怒气已消除了大半，听了林肯的话更是感叹不已。

烦恼人人都有，伟人也不例外，林肯把烦恼通过写信发泄出来，既获得了心理平衡，又不会伤害别人，真是一举两得。最终林肯成为美国历史上最伟大的总统之一。

烦恼是心灵的垃圾，是成功的绊脚石，是快乐生活的病毒。为了美好明天，为了还心灵一片晴朗的天空，栽上一棵烦恼树吧，朋友！

栽一棵心灵之花，芬芳随处散

快乐不能靠外来的物质和虚荣获得，而要靠自己内心的高贵和正直。

“文革”期间，著名作家沈从文被下放到多雨而泥泞的湖北咸宁劳动改造，饱受痛楚。可沈从文毫不在意，在咸宁给他的表侄、画家黄永玉写信说：“这儿荷花真好，你若来……”

就这样一句普普通通的“荷花真好”，竟使那段苦难的日子飘荡着荷花的芬芳，令人以为多雨泥泞的咸宁是王孙可游的人间仙境呢！

行文至此，偶然想起在《读者》上看到的一篇文章，也如此令人怦然心动。

唐代著名的慧宗禅师常弘法师讲经而云游各地。有一回，他临行前吩咐弟子看护好寺院的数十盆兰花。

弟子们深知禅师酷爱兰花，因此侍弄兰花非常殷勤。但一天深夜，狂风大作，暴雨如注。偏偏当晚弟子们一时疏忽，将兰花遗忘在了户外。第二天清晨，弟子们后悔不迭；眼前是倾倒的花架、破碎的花盆，棵棵兰花憔悴不堪、狼藉遍地。

几天后，慧宗禅师返回寺院。众弟子忐忑不安地上前迎候，准备领受责罚。得知原委后，慧宗禅师泰然自若，神态依然是那样平静安详。他宽慰弟子们说："当初，我不是为了生气而种兰花的。"

就是这么一句平淡无奇的话，在场的弟子们听后，肃然起敬之余，更是如醍醐灌顶，顿时大彻大悟……

"我不是为了生气而种兰花的"，看似平淡的偈语里，暗示了多少佛门玄机，又蕴含了多少人生智慧啊！现实生活中，无限制增长的欲望、不满足现状的心态，还有那诸多数不清的烦恼与磨难，常常使人患得患失。因此，很多人抱怨命运，抱怨时运不济，抱怨人生多"苦"。

常言道：人生在世，不如意事常八九。其实，只要我们严肃冷静地分析人生，痛苦与欢乐几乎是与生俱来的。造物主让我们来到人世中，享受世界的无限欢乐，但同时也要给我们困苦、不幸的负重。人生就是一次爬山的旅行，辛苦是自然的，摔跤有时也难免，磨难就是这次旅行的代价。既然我们能够愉快地享受人生，为什么不能快乐地接受生活赐予的苦难呢？况且，苦难已降临，生气烦恼又有何用？

栽种一株快乐的花朵于心田。无论生活面临怎样的境地，人生遭逢怎样的磨难，请把快乐的花朵开放在心灵的原野上，让灵魂的舞姿如花之绰约，满载着花的芬芳。

无论生命有多少凄苦，人生有多艰难，栽种一株快乐的心灵之花于心田，让绚丽的花朵昂然地绽放在生命的枝头。从此，我们便拥有了蕙质兰心，我们的心境定会盈满幸福！

用鲜花铺满自己心灵的春天

人的心理具有神秘的力量，要敢于探索你的心理力量，学会应用正确的有意识的自我暗示。做到了这点，你就能消除烦恼，在生理、心理和道德上获得健康、幸福、快乐和成功。

荣启期在泰山，悠哉游哉，鼓琴而歌，孔子路过，就问他为何这等快乐。

荣启期回答道：“天生万物，惟人为贵，我得为人，何不乐也？”

正如荣启期所说，生而为人即是一种快乐，快乐是人生的主题。只要我们用心去体会，以饱满的热情去应对生活，就能快乐度过每一天。

许多人抱怨生活太清苦，许多人到外界去寻求快乐，而对身边的美景熟视无睹，其实只要用心生活，身边就有感动你的美景。

在春天，特别是早春，从春来发几枝的柳树上，从重新披上绿装的大地上，从水光潋滟的湖面上，从鸟雀叽喳的瓦房屋顶，从万物萌发的郊外，从身边女人和孩子们的身上，你随处都能感受到风景的存在，让心灵享受美的熏陶。只要用心，你就能体会到“夹岸桃花三两枝，春江水暖鸭先知。蒌蒿满地芦芽短，正是河豚欲上时”的美景。

在夏天，你可以去体会万物在骄阳下傲然挺立的飒爽英姿。如果是晴空万里，你可以去河边体会“水光潋滟晴方好”的诗意；如果是雨天，你则可以去感受“山色空蒙雨亦奇”的意境。

秋天是一个收获的季节，更是好景连连，正如古人所说：“一年好景君需记，最是橙黄桔绿时。”看着院里挂满果实的梨树，你能不开心？闻着空气中弥漫着的果实的芳香，你能不开心？就是看看满街的落叶，也会带给你无穷的遐想，你也没有不开心的理由。

冬天总是给人一种萧杀寂静的感觉，似乎让人有些压抑，其实不然，冬天也有冬天的美丽。比如去看雪时体会陈毅诗中那种“大雪压青松，青松挺且直”的诗意，不也是很美，很让人振奋吗？即使去看那光秃秃的树，在凛冽的西风中沉着坚持的样子，也让人感受到力量和希望。享受着这一切，你能说冬天不美吗？

只要你愿意，只要你有心，你随时都可以感到愉快，你可以在阵雨中歌唱，使音乐充满你的心灵，你可以在烈日中独行，让阳光洒满你的心灵，你可以在风中散步，让风儿吹散你心中的不快，你可以……总之，只要你愿意，快乐随时都会陪伴着你。

人生是愉快的，世界上之所以有那么人感觉不到愉快，不过是因为他们自己的愚昧和怯懦，不过是他们没有用心去对待生活，你要相信，只要尽你所能，用心去体会，你完全可以快乐度过每一天。

用乐观的心态去勇敢地面对吧。快乐是一种心态，一种情绪。这种心态和情绪与挫折和失败无关。如果天下的人们，都用鲜花铺满自己心灵的春天，用快乐填充自己的平常生活，一个脚印接着一个脚印地走，那么每一个脚印都是一首成功的歌！

第五章

心随境转是凡夫，境随心转是圣贤

人生如海，潮起潮落，挫折、失败、痛苦会时时向我们袭来。面对逆境，悲观的人总是会抱怨烦恼，在失望中度过；乐观的人却总是在失望中心存希望，找到最后的一线希望。

失意并不可怕，受挫也无需烦恼。只要心中的信念没有萎缩，人生之旅也不会为之中断。“心随境转是凡夫，境随心转是圣贤。”学会面对磨难，调试自己的心情，走出人生的低谷，呈现在我们面前的，将是一片开阔的大地和一方湛蓝的天空。

境随心转，逆境变顺境

人生难免有挫折。面对挫折，有些人会将它化成动力，坚定地走上人生的良性循环，而对于有的人却是无可抵挡的阻力，使人陷入困境和烦恼中不能自拔。

有的人只看到困难、威胁，只看到自己遭受的损失，后悔自己的行为或怨天忧人，因而整天处于焦虑不安、悲观失望、精神沮丧、烦恼郁闷等负性情绪之中，既不想吃饭，也不想见人，更不愿向人诉说自己的不幸，最后造成灾难性后果。

另一种人则面对现实，认识自己遭受挫折的原因，能够心平静气地看待挫折，并能想办法走出去。所以，挫折和困境本身并不都是坏事，它给人生是带来害处，还是带来福音，关键看能不能正确地对待它，勇敢地驾驭它。

其实我们身处逆境的时候，一定不能放弃自己，平常面对，塌实前进，一定会做到逆境顺转。不妨从以下几方面入手：

首先是要面对现实。“事已至此，愁也没用”，是许多人都用过的面对现实的态度，它可以使人冷静下来，去做自己必须要做的事情；

其次要学会在危机中寻找机遇。如全面地分析形势，看事情还有没有转机，有哪些出路可走，能否另辟蹊径，等等。不能在等待中放弃或错过走出困境的良机。

再次要正视自己，总结失误的经验教训，最后再做出明智的选择。同时，要适当地疏泄和化解挫折导致的不良情绪，如外出旅游，换一下环境，或走亲访友，与朋友谈心、向朋友倾诉等。俗话说："当局者迷，旁观者清""三个臭皮匠顶个诸葛亮"，向朋友倾诉，不仅可以减轻心理压力，还有助于找到解决问题的好办法。

只有品尝过饥饿挫折的人，才能品尝到食品的美味；同样，只有经历过挫折的人才能更好地体味成功。心理学家把轻度的挫折比较"精神补品"，因为每战胜一次挫折，都强化了自身的力量，为下一次应付挫折提供了"精神力量"。

所以说，逆境顺转并不难，心态是关键。

心转，境遇也跟着转，逆境可以顺转，变成顺境。

内心有风景，沙漠里也能找到星星

人生中的许多烦恼有时是我们放大了困难，不能以正确的心态去面对。许多问题都不像我们想象的那样糟，关键在于我们的态度，积极地去应对，没有什么解决不了的。

第二次世界大战期间，一位名叫玛莉的英国妇女随她的军官丈夫驻防在北非的埃及，住在靠近沙漠的营地里，军营的条件是很差的。

他们居住的木屋总是闷热难当，连阴凉一点的地方气温也在30℃以上，狂风裹挟着沙土总是呼呼地吹个不停。军营里没有几个家属，周围住的又全是不懂英语的土著居民，生活毫无色彩，日子实在难熬。

丈夫经常要出去执行各种各样的任务，这让一个人在家的玛莉总是感到非常寂寞。她给远在祖国的父亲写信倾诉，多少流露出要回家的意思。父亲的回信玛莉很快就收到了，信中写了这么一句话：“有两名罪犯从监狱里眺望窗外，一个看到的是高墙和铁窗，一个看到的是月亮和星星。”

玛莉拿着父亲的信看了又看，想了又想，觉得父亲说得很对。“好吧！”她振作起精神，“我这就找星星和月亮去。”于是她走到屋外，和邻近的土著黑人交朋友，并请他们教她烹饪当地的食品，用泥土做成陶器。开始交往时是有些艰难的，但他们很快就热情地接受了她，玛莉也开始融入当地人的生活之中，渐渐地迷上了这里的风土人情。

不久之后，玛莉还开始研究起了曾经让自己无比厌烦的沙漠。很快，沙漠在她眼中成了神奇迷人的地方。她经常请土著朋友们引路到沙漠的深处探险，听当地人讲沙漠的特点，还让远在伦敦的亲友帮她寄来了当时能找到的关于沙漠的所有著作，并认真地阅读。而且她还将她对沙漠取得的点滴知识都写进了自己的日记，她的生活因此变得充实，甚至有些忙碌了。

第二次世界大战结束后，由于在沙漠地区不断发现石油，人们对沙漠的认识和兴趣都大增，玛莉因为她的知识成为英国知名的沙漠专家。

几十年后，当有人向玛莉问起事业成功的经验时，她说到了月亮和星星的故事。她说："是父亲教给了我对生活的态度，这种态度是我事业的源泉，它使我终身受用。"

不错，玛莉女士找到了自己的"星星"，她不仅不再长吁短叹，而且获得了很大的成功。那么我们又该得到什么样的启示呢？

这个故事给我们最大的启示就是，不要害怕寂寞和苦恼，只要我们能够摆正自己的心态，就一定能够战胜它们，在沙漠中找到属于自己的星星。

反正都难，心烦不如坦然

人生几十年，总会遇到这样那样的挫折、逆境。从一生下来就顺风顺水几十年的人就如天外来客般稀罕。遇到些挫折、逆境是正常的，也不需要怨天尤人，烦恼纠结，只要懂得面对就行了。面对那些成功的人，尤其是声名显赫的，一股崇敬羡慕之意就会油然而起，特别是其年岁、背景、相貌和自己相仿时，就会有点儿妒忌了，他怎么就那么好运呢？可是，人家背后也有许多辛酸，人家也并非一帆风顺，人家也在逆境中挣扎过。过来人大都不顺利，而是因为他们勇于面对逆境，懂得面对逆境。

你可能会说，运气也很重要，所谓“谋事在人，成事在天”嘛。谋事者芸芸众生，成事者寥若星辰。但你有否想过，若你不谋的话，是压根儿不可能“成”的。首先你要面对，你要鼓起勇气去面对，不论遇到什么挫折，身处怎样的逆境，你都不能放弃。你来到这世上，长大成人，原本就很不容易。母亲怀胎十月，经历了地裂天崩的临盆；父亲呕心沥血，承担了“朝思暮想”的教养；再就是周围的一大帮亲友，无不对你施予殷切的关怀，他们都在期待你的成就。其实，你完全不必用事业有成来报答，你只要有自立社会的骄傲，他们就有莫大的欣慰了。因为这一点，你变得完全没有权利去放弃。

或者，退一万步说，你从一生下来就很不顺利了，并没有前面说的那些“施予”，可那又怎样呢？只不过将身处逆境的时间提前了而已，只不过将你的起点更放低些而已。到了今天，你已经能够独立思考，不正说明你已具备自立的能力了吗？尽管历经坎坷，历经曲折，但也正好说明你已经成长了，你的起点提高了。因此，不管未来怎样，你还有什么不能面对的呢？

面对，有时是需要很大的勇气的。尤其是当你遇到的是一般人不会有的逆境，并被别人难以想象的困难包围着的时候。有些人便在这样的境况中挺不住，寻了短见，或者消沉了，颓废了，旁人只好无奈地惋惜。其实，消沉是懦弱，是失去了面对的勇气，放弃了继续抗争的权利，放弃了多彩的人生，放弃了一切。一切都放弃了，你就再也不会有机会去获得，哪怕是一丁点儿的权利。自然也就无从谈论成功了。所以，当你遭遇挫折、面临困境时，你最需要的是面对的勇气。只要你敢于面对了，你就有了机会，捕捉常常是随之而来的成功机遇，追求多姿多彩的人生，品尝可以令你荣耀的新生活。

如果乐观一点，你不妨把遇到的厄运看作是一个机遇，这样的机遇在平常的日子，在顺境的时候是碰不到的。这么一“看作”，你不但有了勇气，可以轻松去面对厄运，而且平添了一份使命感，俨如“替天行道”了。因为常人不会有的经历，你大可以自信自己有一个常人不会有的美好将来。

人生本就多姿多彩，磨难不过是这其中的一些调色剂而已。如果你这么看了，你就会感谢上帝待你不薄。同样是过一辈子几十年，但你却比人家多了许多经历，尤其当这经历使你体会得更多，让你获得常人不会有的感受，甚至获得一种满足的时候。

勇于面对，然后是懂得面对，这并非容易之事。实际上，身处逆境需要懂得面对，而顺风顺水的时候，也要为争取领先或者保持领先而学会面对。总之，学会面对是极为重要的，因为重要，你可以将你的一生都看成是不停的各式各样的面对。事实上，你要穷尽你的智慧和胆识去面对。学会面对，不懈地面对最终可把你带向自己期望的成功。

无论遭遇何种状况，都不会认为它是一件不得了的事，如果已经知道可能会发生什么不如意的事，能让它不发生是最好的；如果它一定要发生，担心烦恼又有什么用？担心、烦恼不仅帮不了忙，可能还会令情况变得更严重，唯有面对它才是最好的办法。

别烦恼，你总会幸运的

美国宾夕法尼亚州匹兹堡市有一个女人，她已经34岁了，过着平静、舒适的中产阶层的家庭生活。但是，她突然连遭四重挫折的打击。丈夫在一次事故中丧生，留下两个小孩。没过多久，一个女儿被烤面包的油脂烫伤了脸，医生告诉她孩子脸上的伤疤终生难消，母亲为此伤透了心。

她在一家小商店找了份工作，可没过多久，这家商店就关门倒闭了。丈夫给她留下一份小额保险，但是她耽误了最后一次保费的续交期，因此保险公司拒绝支付保费。

碰到一连串不幸事件后，女人近于绝望。她左思右想，为了自救，她决定再做一次努力，尽力拿到保险补偿。在此之前，她一直与保险公司的下级员工打交道。当她想面见经理时，一位多管闲事的接待员告诉她经理出去了。

她站在办公室门口无所适从，就在这时，接待员离开了办公桌。机遇来了，她毫不犹豫地走进里面的办公室，结果看见经理独自一人在那里。经理很有礼貌地问候了她。她受到了鼓励，沉着镇静地讲述了索赔时碰到的难题。经理派人取来她的档案，经过再三思索，决定应当以德为先，给予赔偿，虽然从法律上讲公司没有承担赔偿的义务。工作人员按照经理的决定为她办了赔偿手续。

但是，由此引发的好运并没有到此中止。经理尚未结婚，对这位年轻寡妇一见倾心。他给她打了电话，几星期后，他为寡妇推荐了一位医生，医生为她的女儿治好了病，脸上的伤疤被清除干净；经理通过在一家大百货公司工作的朋友给寡妇安排了一份工作，这份工作比以前那份工作好多了。不久，经理向她求婚。几个月后，他们结为夫妻，而且婚姻生活相当美满。

挫折不会长久延续下去。有位名人说过“没有永久的幸运，也没有永久的不幸”，这个例子足以映证这句名言。挫折虽然令人忧愁，令人烦闷，令人不快，甚至给人不断的打击，但挫折的一个“致命弱点”是它不会持久存在。

所以，那些接二连三地遇到倒霉事件、哀叹自己“倒霉透顶”的人，先放下烦恼，坚定信念，一定要相信——迟早有一天我会转运。

心不绝望，就没有“绝境”

在茫茫无垠的沙漠中，有一支探险队在负重跋涉前进。沙漠中阳光很强烈。干燥的风沙漫天飞舞，而口渴如焚的队员们已经没有水了。当队员们失望地准备把生命交付给这茫茫戈壁时，探险队的队长从腰间拿出一只水壶。说：“这里还有一壶水。但穿越沙漠前，谁也不能喝。”

水壶从队员们手里依次传递开来，沉沉的，一种充满生机的幸福和喜悦在每个队员濒临绝望的脸上弥漫开来。终于，探险队员们一步步挣脱了死亡线，顽强地穿越了茫茫沙漠。当他们相拥着为成功喜极而泣的时候，突然想到那壶给了他们精神和信念以支撑的水。拧开壶盖，流出的却是满满一壶沙。

通过这个故事，我们悟出这样一个道理：无论生命处于何种境地，只要心中有希望在，就完全有可能出现绝境逢生的机会。当我们在困境中保持乐观的想法，那么我们终究会获得解决困境的方法。

人的一生不会是一帆风顺的，总会遇到各种挑战与困境，甚至会进入痛苦不堪的绝境，在绝境中，人往往会对自己说放弃，从此一蹶不振，在烦恼和痛苦中地度过自己的一生。有成就的人，在绝境中从来不会对自己说放弃，他们会用自己强大的生命力向命运挑战，最终战胜绝境，成就了自己辉煌的一生。

绝境让那些不放弃的人变得更加坚强，激发他们更大的潜力，他们会因为绝境变得更加强大，绝境带给他们的可能是一生珍贵的财富；对于那些轻言放弃的人而言，绝境犹如一剂毒药，面对这剂毒药，他们找不到解药，最终放弃努力，成为失败者。

如果你害怕面对绝境，它会变得更强大；但是如果你有足够的勇气去面对，并且让自己坚强起来的时候，绝境就没有那么可怕了。在绝境中，千万不要放弃自己，放弃了自己就一点机会都没有了。要用自己的勇气和信心向它挑战。

生命是有限的，然而希望却是无限的。只要我们活着，就不要忘记每天给自己一个希望，给自己一个目标，也可以说给自己一点信心。这样，我们的生活就充满了生机和活力。只要每天都给自己一个希望，我们的生命便不会浪费在一些无谓的烦恼、叹息和悲哀中。

人生不是一帆风顺的，不论我们面临什么，都不要得意忘形或悲观绝望。成功的人之所以事业有成，是因为他们在挫折面前没有放弃，懂得用希望作为支撑。

凭借着希望的支撑，再加上正确解决问题的方法，便可以绝处逢生、柳暗花明。在生活中，当困难来临时，我们应该仔细地分析它，进而得到解决问题的方法。千万不要放大困难，它未必如我们想象的那么糟，更不要把困难归结于命运，认为所有的困难都是冥冥之中注定的。

我们有时会觉着自己无路可走，感到世界之大，竟然没有自己的一片容身之地。实际上，世界上本没有绝境，路的旁边也是路。心不死，路不绝。并不是困难阻碍了我们成功，而是我们认为成功只有一条路。事实上，在生活的路上走得好辛苦，不是因为我们处处碰壁的原因，而是被各种设想的死路堵住了去路，遮住了希望的心灯。

人生并没有绝对的绝境。很多时候，取决于自己的态度，当你真的把它当成无法跨越的坎时，那么你已经输了一大半；如果你选择勇敢面对，最终胜利的一定会是你。

抛弃烦恼，在绝望中寻找希望

人生在世，虽然只有短短几十年，却要经历各种好事、坏事，尝遍酸甜苦辣。

生活是美好而沉重的。人生，是有苦又有乐的，是丰富多彩又艰难曲折的，就像白天与黑夜的互相交替一般。快乐时，“春风得意马蹄疾，一日看尽长安花”，快乐的人连路边的鸟儿都在为他歌唱，花儿都似专为他开放。烦恼时，落日西风，万念俱灰，睡梦中也在滴泪。

曾经有两个囚犯，从狱中望窗外，一个看到的是满目泥土，一个看到的是万点星光。面对同样的遭遇，前者心中悲苦，看到的自然是满目苍凉、了无生气；而后者心往好处想，看到的自然是星光满天，一片光明。

人生的道路虽然不同，但命运对每个人都是公平的。窗外有土也有星，有快乐也有痛苦，就看我们能不能咬定青山不放松，心往好处想。西方哲学家蓝姆·达斯讲过这样一个故事：

一个病入膏肓、仅剩数周生命的妇人，整天思考死亡的恐怖，心情坏到了极点。蓝姆·达斯去安慰她说：“你是不是可以不要花那么多时间去想死，而把这些时间用来考虑应该如何快乐地度过剩下的时间呢？”

他刚对妇人说时，妇人显得十分恼火，但当她看出蓝姆·达斯眼中的真诚时，便慢慢地领悟着他话中的诚意。“说得对，我一直都在想着怎么死，完全忘了该怎么活了。”她略显高兴地说。

一个星期之后，那妇人还是去世了，她在死前充满感激地对蓝姆·达斯说：“这一个星期，我活得比前一阵子幸福多了。”

“苦乐无二境，迷悟非两心”，妇人学会了心往好处想，所以便能在离开人世前仍能感到一丝幸福，快乐地合上双眼，相信她死后能进入天堂；如果她仍像以前一样，一味想死，那只能是痛苦地离开人世，死后只能进入地狱。

人总是避苦求乐的，都希望快乐度过每一天，但生活本身就充满酸甜苦辣，快乐和痛苦本是同根生。当我们快乐时，不妨留一片空间，以接纳苦难；当我们痛苦时，不妨想到往昔的快乐。

心往好处想，才能帮我们冲破环境的黑暗，打开光明的出路，才能获得更多更大的人生乐趣。在困顿、苦难面前，一味哭丧着脸，暗自烦恼，除了磨掉自己的锐气外，是不会赚到任何同情的眼泪的。只有颤抖于寒冷中的人，最能感受到太阳的温暖；也只有从痛苦的环境中摆脱出来，才会深深感觉到这个世界的美好。就像火车过隧道，即使在黑暗中，也要看到前方的光明。

心往好处想，不论何时，不论何事，只要仍在人间，就要心往好处想，天堂就在人心中。人生可以没有名利、金钱，但必须拥有美好心情。

心若向阳，无畏悲伤

当消极心情出现时，要让自己的心情转换成积极心态；当忧郁心情出现时，要立即想办法将自己的心情调适到开朗的状态。

有一个女孩子，她生性乐观积极，也很懂得过日子，更知道要如何排解自己的不快。

清晨醒来，她会对镜中的自己大声说："今天是个好日子。"即使昨天的坏情绪尚未恢复，她还是会大声地说。

然后刷牙的时候，想着刷牙是一件多么令人愉快的事，牙齿将变得洁白干净，不会受到蛀虫的侵袭，口气清新。

洗脸也是一件非常愉快的事，因为清水的湿润，会使脸上的皮肤感到无比的舒畅。这都使她的脑细胞感到无比快乐。

她把细胞快乐论告诉人们，如果我们身上的每一个细胞都很快乐，我们自身当然也会非常的快乐。因为人的身体是由60兆~70兆个细胞组合而成的，所以让所有细胞和睦相处，是生活中最重要的一桩大事。

在我们的细胞之中，有的会若无其事地看着我们痛苦、烦恼，这可能是因为我们没有和这些细胞和睦相处的缘故吧。

女孩的细胞快乐论正是告诉人们必须从内心深处去爱身体中的每一个细胞，不停地与它们对话，让这些原本就健康、活跃的细胞更新苏醒，并发挥正常的功能。

虽然有人觉得这种与细胞对话的方式有些可笑，不过既然是一个不错的方法，就值得试试。渐渐地，你的生活模式就会发生改变。

每天清晨起床，对镜中的自己说："今天将是美好的一天。"

总是保持乐观的心情，你就会变得比以前开朗，不再把事情看得太严重，反正天塌下来还有别人顶着，无论何时、何地，总是积极地挑战明天。开始懂得与大家和睦相处，而不是明争暗斗，从心底去爱人，而不是做做表面功夫……

当身体有痛苦时，除了休息及看医生外，还要时常与自己的细胞对话："我们必须联合起来共同摆脱生理困境。"自己一定要具备比以往更坚强的意志力，并试图回想让心情愉快的往事。面对各种竞争与挑战，都要先深深吸一口气，然后做好积极应付的准备。

要知道，人不可能在一时之间就改掉长久的恶习，不过，只要有进步就可以了。每天不间断地跟自己的细胞对话，会使我们更加清醒地认识内在的自己。

小柯曾因为房屋贷款之事而将自己搞得焦头烂额，每月的高额贷款压得他整天闷闷不乐，身体也愈来愈糟。可自从开始与自己的细胞对话后，他认识到借贷已是事实，不可能凭空消失，也不可能因自己的烦恼就立即减少数额。

闷闷不乐不过是自寻烦恼，就算当时决定买房子是错误的，现在烦恼也为时晚矣。与其烦恼不堪，不如轻松生活，努力工作，早日把贷款还完。

人生只有一次，无可取代，为什么要因身外之物而烦恼，无辜损伤了自己的细胞。

不论外在环境是否狂风暴雨，只要心中有阳光，人生永远充满希望。

不经历风雨，怎能见彩虹

阿拉伯有一位著名的驯马师，他驯出来的马被称为神马。每天早上，驯马师会指挥着一群马绕圈子跑，这其中有雄健的大马，也有很小的幼马。

每逢中午，太阳正毒，驯马师和他的助手都会骑马向沙漠深处奔去。当他们返回时，每人手上都拿着一把弯刀。

有人问驯马师：“你为什么要叫许多马绕圈子跑呢？”

驯马师说：“因为我教那些小马，跟在大马身后，学习听口令和顺服，没有大马的带领，小马是很难教的。”

“那你的助手为什么要抓着马鞍左右跳跃呢？”人们继续问道。

“那是教马学会均衡，维持稳定。”驯马师回答。

“为什么要在正午最晒的时候放马训练？”

“因为中午天气最为炎热，让马在一望无际、其热如焚的沙漠里奔跑，这是一种磨炼，经得起的才能成为千里马。我们用刀光闪烁刺激马的眼睛，发出强烈的音响，经历这种场面还能镇定自若的马，才能成为最好的战马。”

人也是这样，只有经过苦难的洗礼之后，才会学会成长，并逐渐成熟和壮大起来。即使以后再经历什么磨难，也会从容应对。

一个伟大的艺术家要成就一件传世之作，不知道要吃多少苦头，不知道要经历多少年的磨炼；一个作家要成就一部优秀的作品，不经过几番痛苦的思考是写不出来的；一支部队要赢得一场战役的胜利，就必须做出巨大的牺牲。这些画家、作家和战士，都是用艰苦的努力和辛勤的汗水铸就成了荣誉的桂冠。

在羡慕别人成功的同时，不妨扪心自问："他比我优越的地方在哪里？"然后力求改进。

清代名臣曾国藩曾说过一句名言："坚其志，苦其心，劳其力，则事无大小，必有所成。"许多看似微不足道的小事，都是成功金字塔上的一块块小砖头，只有不断地累积砖头的厚度，才能造就出成功的高度。

耕耘贵在脚踏实地，而非幻想着一步登天。大多数人的成功，都是建立在务实的基础上，一步一个脚印，路，就是这么走出来的。

每一个成功者都是非常努力的，成功者有成功的方法，每一个成功者一定都是努力的。努力是成功的捷径，而且是成功必须付出的代价。

古人云："欲做精金美玉的人品，定从烈火中煅来；思立掀天揭地的事功，须向薄冰上履过。"不经历风雨，就见不到彩虹。在风雨中历练自己，敢于挑战困难和挫折，才能得到更多的收获。

世界如此险恶，你要内心更强大

一夜之间，一场雷电引发的山火烧毁了美丽的“森林庄园”，刚刚从祖父那里继承了这座庄园的保罗陷入了一筹莫展的境地。他经受不住打击，闭门不出，茶饭不思，眼睛熬出了血丝。

一个多月过去了，年已古稀的外祖母获悉此事，意味深长地对保罗说：“小伙子，庄园成了废墟并不可怕，可怕的是你的眼睛失去光泽，--天一天地老去。一双老去的眼睛，怎么能看得见希望？”保罗在外祖母的说服下，一个人走出了庄园。他漫无目的地闲逛，在一条街道的拐弯处，他看到一家店铺的门前有人在攒动。原来是一些家庭主妇正在排队购买木炭。那一块块躺在纸箱里的木炭忽然让保罗的眼睛一亮，他看到了一线希望。

在接下来的两个星期里，保罗雇了几名烧炭工，将庄园里烧焦的树木加工成优质的木炭，送到集市上的木炭经销店。结果，木炭被抢购一空，他因此得了一笔不菲的收入。然后他用这笔收入购买了一大批新树苗，一个新的庄园初具规模了。几年以后，“森林庄园”再度绿意盎然。

许多人在事业上的失败，常常不是因为没有选准目标，也不是因为难度太大了，而是因为他们缺乏坚强的意志和坚韧的品格。

我们小时候是如何学会走路的，我们一边学走，一边摔倒，我们没有因为摔倒了，就长哭不起，就拒绝走路。相反，儿时的勇气是巨大的，无论摔得多么疼，哭一下子以后还是要走的，甚至第二天就把昨天摔跤的事情忘记了，或许这就是人坚强的本性。长大之后，这种本性是依然存在的，我们不能让软弱把它掩埋。

我们一生当中会遇到很多问题，总会有一些不期而至的挫折和打击，来考验我们的耐心和“抗击打能力”。如果不培养自身坚强的性格，学会控制自己的情绪和心志，以后碰到大的问题很难独当一面，或许会被很小的事情击败。心理上的脆弱和不堪一击，显然难以成就大事。

坚强是我们追求的品格。我们之所以追求这一品格，是因为它是我们获得成功最有力量的信念和支柱，让我们无畏于征途中的艰难险阻，在一次次挫折之后仍是不屈不挠。具备了坚强的品格，我们的心理在承受一次又一次的打击后，仍能不烦不恼，不畏不惧，为心之向往而努力奋斗。

拥有坚韧，也就是说要锻炼我们的心理承受力，让我们的内心更强大。而有了坚强的心理承受力之后，你才能去正视挫折和困难，并且学会从挫折中吸取经验教训，去争取下一次的成功，而不是在遭受打击之后郁闷烦恼、一蹶不振。

不是每个人都可以成为伟人，但每个人都可以成为内心强大的人。内心的强大，能够有效弥补你外在的不足；内心的强大，能够稀释一切痛苦和哀愁；内心的强大，能够让你无所畏惧地走在大路上！相信自己，找准自己的位置，你同样可以拥有一个有价值的人生。只有这样，你才会活得真正快乐！

如果你知道去哪儿，世界会为你让路

每个人都靠什么东西在一天天地生活？是靠着信念。信念就像一盏灯，在不远处散发着亮光，指引着我们不断地前进。

一只航行中的船在大海上遇上了突如其来的风暴，不久就沉没了，船上的人员利用救生艇逃生。在大海中他们被海风吹来吹去，一位逃生者迷失了方向，救援人员也没能在搜寻中找到他。

天渐渐地黑下来，饥饿寒冷和恐惧一起袭上心头。然而，他除了这个救生艇之外一无所有，灾难使他丢掉了所有，甚至即将夺去他的生命，他的心情灰暗到极点，他无助地望着天边。忽然，他似乎看到一片阑珊的灯光，他高兴得几乎叫了出来。他奋力地划着小船，向那片灯光前进，然而，那片灯光似乎很远，天亮了，他还没有到达那里。

他继续艰难地划着小船，他想那里既然能看到灯光，就一定是一座城市或者港口，生的希望在他心中燃烧着，死的恐惧在一点点地消失，白天时，灯光自然是没有了，只有在夜晚，那片灯光才在远处闪现，像是在对他招手。

一天过去了，食物和水已经快没有了，他只有尽量少吃。饥饿、干渴、疲惫更加严重地折磨着他，好多次他都觉得自己快要崩溃了，但一想到远处的那片灯光，他又陡然添了许多力量。

第四天，他依然在向那片灯光划着，最后，他支持不住昏了过去，但他脑海中依然闪现着那片灯光。

晚上，他终于被一艘经过的船只救了上来，当他醒过来时，大家才知道，他已经不吃不喝在海上漂泊了四天四夜，当有人问他，是怎么样坚持下来的，他指着远方的那片灯光说："是那片灯光给我带来的希望。"

大家望去，其实，那只不过是天边闪烁的星星而已！

在生命的旅途中，一定会遇到各种挫折和困境。这时，只要心头有一个坚定的信念，努力地去寻找，就一定会渡过难关的。

在我们每个人的生活中，都需要燃起这样的"灯火"，当我们被失败和挫折困扰时，抬头看看前面的灯火，便会心生勇气和力量，因为那是我们日夜企盼的目标，我们是那样的希望得到它，又怎会随便放弃呢？因为，它已在我们的眼前，它已并不遥远了啊！

这样的灯火，要燃在我们的心中，才能照亮我们的心灵，这就是我们的信念，每天都给自己一个信念，有了目标，并向着目标坚定地前进，相信前面一定会是属于我们的一片光明。

如果你正在努力做某件事，暂时不能挪开路上挡住你的石头，不要紧，不必烦恼，不必沮丧。那些在远处看起来大得吓人的困难在你走近的时候会渐渐变小。只要你有足够的勇气与自信，随着自己不断前进，道路会为你而展开。

人生没有过不去的坎

现实生活中，我们没有人不追求和向往美好，但老天好像就是要与人作对，总是在人生的道路上布满坎坷，总是不让人一帆风顺，各种各样的挫折总是在不经意间横亘道上。

意志薄弱者遇到困难时，便心灰意冷，顾影自怜，整天精神萎靡，烦恼重重，怨天尤人。而意志坚强者，则坚信人生没有过不去的坎，往往是愈挫愈奋，义无反顾，永往直前，从哪里跌倒再从哪里爬起来。

对于挫折只能去面对它，正视它，坚持自己心中必胜的信念，相信这些挫折不算什么，再大的险阻困难也能承受。历史上的名人志士哪一个没有在自己的生命之旅中受过挫折？正所谓："不经一番寒彻骨，怎得梅花扑鼻香？"只要能坚定信念，勇敢去挑战挫折，就可以拨云见日，踏上成功的大道。

只有那些经不起风浪，不敢接受挑战的人，才会被挫折吓倒，对于心中真正充满了热情，怀有坚定信仰的人，挫折不过是一顿午饭中吃出来的一粒小石子，第一次咬到时也许是碰痛了牙齿，但只要辨清它的方向，确定它的位置，就可以把它从口中的食物中分离出来，并抛弃它。生活中因为有挫折，才锻炼了我们的承受能力，它能时刻提醒着你何处跌倒，就从何处爬起来，继续往前走。一个挫折往往可以使人们从中学到许许多多的东西，明白自己的许多不足点。如果成功是一门学科，那么挫折就是一位老师，他善于用反面事例和材料教育人们明白成功的必备条件，从而使人们更好更快地去获得成功。

人生的道路充满荆棘与坎坷，但生命是美丽的，生活是美好的。我们应该笑对坎坷。生活中我们不必去乞求也不可能总是有阳光明媚的艳阳天，狂风暴雨随时都有可能光临。

但只要我们有迎接厄运的勇气和胸怀，在打击和挫折面前不低头，跌倒了再重新爬起来，将自己重新整理，以勇敢的姿态去迎接命运的挑战，只要我们坚信人生没有过不去的坎，就能迎来人生的辉煌。

直面人生的挫折和压力吧，因为它会让我们变得更加坚强，迎接生活的挑战吧，因为它的背后藏有成功的果实。

通向荣誉的路上，并不铺满鲜花，还可能潜伏着种种挫折。遇到挫折就勇敢去挑战它吧！记住，挫折并不可怕，可怕的是一个人已经失去了面对挫折的勇气！

第六章
你若随遇而安，烦恼便烟消云散

人生就像一阵大风吹过，走过春夏，卷过秋冬，走过悲欢，卷过聚散，走过红尘遗恨，卷过世间恩情。人生遭际不是个人力量所能左右的，而在诡谲多变、不如意事常存的环境中，唯一能使我们不觉其拂逆而使得心情轻松的办法，那就是做到“随遇而安”。

《菜根谭》上说，“万事皆缘，随遇而安。”这是一种为人处世的方式，是一种安详恬淡的心态，是一种处变不惊的风范。缘动则心动，心动则缘起；缘来好好珍惜，缘去淡淡随缘。随缘一世，一世随缘。随遇而安，烦恼烟消云散。

此心安处是吾乡

“随遇”者，顺随境遇也，“安”者，一可理解为听天由命，安于现状；二可理解为心灵不为不如意之境遇所扰，无论何种处境，均能保持一种平和安然的心态，并继续坚持自己的追求。前者之“安”，或许可以称之为“消极处世”，而后者之“安”，则需要一种良好的心理调节能力，甚至需要一种超脱、豁达的胸襟，不是人人都能做到的。

苏轼的友人王定国有一名歌女，名叫柔奴，眉目娟丽，善于应对，其家世代居住京师，后王定国迁官岭南，柔奴随之，多年后，复随王定国还京。苏轼拜访王定国时见到柔奴，问她：“岭南的风土应该不好吧？”不料柔奴却答道：“此心安处，便是吾乡。”苏轼闻之，心有所感，遂填词一首，这首词的后半阙是：“万里归来年愈少，微笑，笑时犹带岭梅香。试问岭南应不好？却道：此心安处是吾乡。”在苏轼看来，偏远荒凉的岭南不是一个好地方，但柔奴却能像生活在故乡京城一样处之安然。从岭南归来的柔奴，看上去似乎比以前更加年轻，笑容仿佛带着岭南梅花的馨香，这便是随遇而安，并且是心灵之安的结果了。

有一天，大文豪白居易去拜访鸟窠道林禅师。他发现这位禅师所住的地方古松茂密，盘屈如盖，禅师就住在上头，鸟鹊筑巢其上，自然驯狎。白居易觉得禅师住在树上实在太危险了，于是说：“禅师住处很危险。”

禅师说：“你住的地方比我更危险。”

白居易说：“弟子位镇江山，有什么危险呢？”

禅师说：“自己不停地起心动念，处处被境转动，就好像薪火相交，把自己弄得焦躁不自在，何以不危险呢？”

禅家说，万法唯心造。心被名利物欲所困就不自由，情被生活情境所激也会不自由。一切烦恼，皆因心智不自由而起。心是很奇怪的东西，如果心中有物，外在的环境就会受影响。如果心中有执念、欲望、烦恼，世界就会变得沉重灰暗。现实生活中，我们待人处事，总是在失去主动，不能自拔，或无能为力时，才感到自己发生了困扰。那时自己是无能的、不能自我控制的。陷于物欲跟急于功利，同属于被境转，内心同样不安。愤怒伤人与惧怕退却，两者都是受心境所牵，都是心病的根源。只要有一念心带着牵牵挂挂，为烦恼所累，不通不畅，你看到的人、事、物就不会顺畅。

此心安处是吾乡，随遇而安，不为外物所影响，则烦恼不生，心怡安详。

随遇而安无忧，顺其自然不烦

三伏天，禅院的草地枯黄了一大片。

“快撒点草籽吧！好难看啊！”小和尚说。

“等天凉了，”师父挥挥手，“随时！”

中秋，师父买了一包草籽，叫小和尚去播种。

秋风起，草籽边撒边飘。

“不好了！好多种子都被风吹飞了。”小和尚喊。

“没关系，吹走的多半是空的，撒下去也发不了芽，”师父说，“随性！”

撒完种子，跟着就飞来几只小鸟啄食。

“要命了！种子都被鸟吃了！”小和尚急得跳脚。

“没关系！种子多，吃不完，”师父说，“随遇！”

半夜一阵骤雨，小和尚早晨冲进禅房：“师父！这下真完了！好多草籽被雨冲走了！”

“冲到哪儿，就在哪儿发芽，”师父说，“随缘！”

一个星期过去了。

原本光秃秃的地面，居然长出许多青翠的草苗。一些原来没播种的角落，也泛出了绿意。

小和尚高兴得直拍手。

师父点头：“随喜！”

太过执著，犹如握得僵紧顽固的拳头，失去了松懈的自在和超脱。

人生有喜有悲、有聚有散、有乐有苦、有得有失、有沉有浮、有爱有恨、有生有死。为人夫者有丈夫的甜蜜和苦衷，为人妻者有妻子的幸福和辛酸，做父母的有父母的自慰和艰辛，做儿女的有儿女的骄傲和委屈。从政者有官场上的得意和危机，经商者有商海的亨通和风险，农耕者有田园的安逸和艰难，治学者有纸墨的雅趣和清贫。

人生如同一艘在大海中航行的帆船，偶遇风暴是无法改变的事实，只有随遇而安，学会适应，才会消除烦恼，才能战胜困难。现实生活中我们应该学会顺其自然，随遇而安，到什么山头唱什么歌。

随遇而安就不会有忧虑，顺其自然就不会有烦恼。

缘来好好珍惜，缘去淡淡随缘

南京栖霞山的栖霞山寺，被誉为是六朝圣地，千佛名蓝的道场。

栖霞山以石刻的千尊佛像工程为最大，在无人能攀上的最高山峰顶上，有一尊站立着的佛像，庄严生动，在峰下经过的人，无不举目上视。

一九四一年，有一信徒参观栖霞山时，见到峰顶上的佛像，就问引导的卓成禅师说：“老禅师！那尊佛叫什么名字？”

卓成禅师回答道：“喔！那尊佛叫飞来佛！”老禅师的意思是说那个山峰很高，人没办法爬上去雕刻，这尊佛应该是从别处飞来的。

信徒听后，很好奇地又问道：“既然是飞来的，为什么又不飞去呢？”

卓成禅师道：“一动不如一静。”

信徒再问道：“为什么要‘静’在这里呢？”

禅师回答道：“既来之，则安之。”

佛说，若想让心安宁，就要一切随缘而行，随遇而安。随缘不是得过且过，因循苟且，而是尽人事，听天命，“随”不是跟随，是顺其自然、不怨恨、不躁进、不过度、不强求；“随”不是随便，是把握机遇，不悲观、不刻板、不慌乱、不忘形。随是一种达观，是一种洒脱，是一份人生的成熟，一份人情的练达。“有缘即住无缘去，一任清风送白云。”人生有所求，求而得之，我之所喜；求而不得，我亦无忧。若如此，人生哪里还会有什么烦恼可言？苦乐随缘，得失随缘，以“入世”的态度去耕耘，以“出世”的态度去收获，这就是随缘人生的最高境界。缘动则心动，心动则缘起；缘来好好珍惜，缘去淡淡随缘。随缘一世，一世随缘。

《菜根谭》上说，“万事皆缘，随遇而安。”这是一种为人处世的方式，是一种安详恬淡的心态，是一种处变不惊的风范。

法眼文益禅师在庆辉禅师那里参禅的时候，始终不能契悟入道。

于是，他就辞别庆辉禅师，开始云游四方。

有一天下大雨，他就在途中的一座地藏院挂单，寺里的知客师问他：“禅师你要往哪里去啊？”

法眼禅师回答：“我也不知道，我没有什么目的，只是随便走走罢了。”

知客师问：“你对这种四方来去的云游方式，有什么感受呢？”

法眼禅师回答：“云水随缘。”

知客师赞叹说：“云水随缘！这话最逍遥自在了啊！”

法眼禅师听后，如中雷击，对“逍遥自在”四字，当下大悟！

水流潺潺，适性随缘，自由自在。法眼禅师一心求道，却不曾留意，原来自己走的恰恰是道，所以脱口而出“云水随缘”。

一个人如果想要像禅者一样，放旷于天地之间，得先有颗自由飘逸的心，随风如白云般漂泊，安闲自在，任意舒卷，随时随地，随心而安。

生活就如同善变的天气，有晴有雨，有风有雾。这既是莫测的苦，又是多彩的乐。从生到死，就像一阵风吹过，走过春夏，卷过秋冬，走过悲欢，卷过聚散，走过红尘遗恨，卷过世间恩情，人生如梦梦如人生。唯有顺着因缘而行，豁达坦然，才可烦恼不生，凡事得心安。

祸福相倚，随遇而安

很早很早以前，有一个年轻人，愿上天能赐予他最大的幸福。他日复一日虔诚地向神佛祈祷。他的诚心终于感动了上天。一天夜里，他听到有敲门声，当他把门打开时，看到一位美丽的姑娘，她的声音非常美妙，犹如黄莺出谷一般：“我是吉祥天神，是掌管幸福的女神。”

年轻人不禁喜出望外，立刻邀请她进屋里坐。吉祥天神含笑对他说：“请等一等，我还有一个妹妹，她跟我是形影不离的！”随即将站在其身后暗处的妹妹介绍给年轻人。

当年轻人看清妹妹的面孔后，不禁大惊失色，心想，世界上怎么会有如此丑陋的人?

他疑惑地问吉祥天神：“这位姑娘真的是你的妹妹吗？”

吉祥天神严肃地回答：“她就是我的妹妹，叫黑暗天神，是掌管不幸的女神。”

年轻人听了连忙恳请：“只要你进来就行了，叫黑暗天神留在门外好吗？”

吉祥天神回答道：“你的要求恕我无法接受，因为我和我的妹妹从小到大都是形影不离的。”年轻人听了深感苦恼，迟迟不能下决定。

这时，吉祥天神说话了：“如果你还是难以决定，那我俩就告辞了。”当年轻人还在犹豫不决时，她们很快就消失了。

老子说：“祸兮，福之所倚；福兮，祸之所伏。”在灾祸里面，未必不隐藏着幸福，而在幸福之中，未必不隐含着祸患的根源。人常说，天有不测风云，人有旦夕祸福。

生活中福与祸是一体的两面，是分不开的。福也好，祸也罢，有时发生在瞬间，仅仅就是一念之差。人生在世如果不懂得这其中的道理，就会受到福祸的捉弄，即使幸福来临，也会失去。因此我们所能做的只有随遇而安。

冷眼看世态，欢颜向人生。当“祸”降临时，我们不要沮丧，因为风雨过后才会有更美丽的天空；而当“福”来临时，我们也不要得意，因为大海里汹涌的波涛都隐藏在平静的海面下。凡事都以平常心看待，你会发现，生活对于每一个人都是公平的。

顺其自然，纤尘不染

无数事实和经验证明：无论任何事物都有其自身的发展规律，如果违背了自然规律，就要付出相应的代价，我们现代人对这一点都有深刻的认识。

生活在这个现实世界，要想免受世俗的污染，就需要有超越别人的智慧。否则，就如同在漫天尘土中掸衣，在泥水中濯足，是无论如何都不能得到超脱的。世上的人多半都是为了追求名利而奔忙。具有真知灼见的人，才能够保持超然的态度，坚守做人的原则。

“水至清则无鱼”就是说如果流水过于清澈，就很难产生鱼类。愈是污秽的土地，土质就愈加肥沃，就愈有利于万物的滋长。由此可见，君子要有宽宏的度量，不能自命清高，而要学会接纳世俗的事物。如果对事物的观察太过于敏锐，那么就会觉得他人缺点很多，不值得与之往来，旁人也会对他的过分挑剔感到难以忍受，所以不愿意追随左右。

人的一生，实在没必要一味地去求取功名，能够平安地度过一生，就应该心满意足了。当然有恩于别人，固然是一件好事，但也无须耿耿于怀，希望对方报答。做人处事，只要不招致他人怨恨，也就算得上是成功的。“花开花谢春不管，水暖水寒鱼自知”是一种安详的心态，一个拥有安详的人每一秒都散发着生命的光彩，构成他生命的磁场。江河奔流不息，而两岸的人却听不到流水的声音，这样倒能发现闹中取静的乐趣，山峰虽高，却不妨碍白云的浮动，动中之静才是真静。如果一个人的本性已经定了，就不会被爱憎和是非所动，那么就能保持一种和谐的静态。

顺其自然就是对造物主的一种服从；顺其自然是激情澎湃后的冷静；顺其自然是迷惘后的彻悟；顺其自然是不以物喜，不以己悲的超脱；顺其自然是蓦然回首的一瞥；顺其自然是淘尽黄沙终现的金；顺其自然是轻易地获得；顺其自然是从容地放下。顺其自然能纳百川；顺其自然能承载万仞；顺其自然是朱自清笔下逃走的岁月，顺其自然是大江东去的一泻如洪……

顺其自然能让人磨炼自己的心性，还能提高自己的道德修养，不为外事所扰，排除私心与杂念，使自己的精神品质达到一种炉火纯青、一尘不染的境界，在恶劣的环境中，抱着小心谨慎的态度，用一种光明磊落的博大胸怀去奋斗，超脱于凡俗才能心胸开阔，才能优雅从事，要在点点滴滴中对人生彻悟，才可能有所成就。

随遇而安比有百万家产更有福气

有一户从农村来城里打工的人家，男人做的是城里人都不愿做的清洁工，每天的工作就是往垃圾站转运垃圾；女的刚来时怀有身孕，生了孩子后，就出去给人擦皮鞋。他们租住的房子是一户人家在围墙边搭盖的简易厨房，房子很小，里面只能放下一张双人床。他们的家具都是别人丢弃的，根本就放不进房间里面，只能放在屋外。就连吃饭的桌子也没有，有了也没地方放，他们只能在屋外吃饭，有时将菜碗放在板凳上，有时干脆把炒菜的锅当菜碗用。

他们属于那种城市贫民，是城市里的边缘人，可是他们看上去没有一点愁苦的感觉。他们住的地方是宿舍大院的大门口，经常人来人往，那男的每天哼着小曲，忙进忙出，跟来来往往的人们打着招呼、聊着天，而且有求必应，特别热心，也特别快乐。

这对夫妻的物质财富与那些腰缠万贯的比起来可谓是少之又少，可他们的快乐幸福却比那些人多了许多。这是为什么？

因为他们懂得随遇而安。无论是面对何种际遇，只要我们的那颗心安定下来了，就会快乐幸福。

其实人的实际需求是很低的，远远低于人的欲望。我们的房子再多再大，也只能在一间屋子里，一张床上睡觉；把世界上所有的山珍海味都摆在桌子上，我们也只能吃下胃那么大小的东西；我们的衣柜里挂满了各式各样的名牌时装，也只能穿一套在身上；我们的鞋子有无数双，也只能穿一双在脚上；我们的汽车有无数辆，也只能开着一辆在街上跑……

可是，人们总有一种无穷尽的欲望，买了大房子还想买更大的房子；屋子装修了一遍又一遍；小汽车换了一辆又一辆；家具换了一套又一套；家用电器更新了一代又一代。不是因为别的，只是因为有钱，只是希望那些东西、那些身外之物看上去更气派、更豪华、更先进。一颗心总也安定不下来，当然也不会快乐。

人生在世，很不容易。风风雨雨，沟沟坎坎，苦辣酸甜都可能遇到，因此，要保持一种随遇而安的平常心态。这种心态并非消极的，而是提示人们在不断进取中，无论是成功，还是失败；无论是车水马龙，还是门庭冷落；无论是辉煌夺目，还是默默无闻，都要有个良好心态，笑对人生，继续拼搏。

所以说，一个人如能不管际遇如何，都能保持快乐的心境，随遇而安，那真比有百万家产更有福气！

云在青天水在瓶

唐朝会昌年间，山南东道节度使李翱听说药山惟严禅师是大名鼎鼎的高僧，很想见一见他的庐山真面目，就到处打听，跋山涉水寻访，终于在一个山头的松树下，找到了正在参禅打坐的药山禅师。李翱十分恭敬地请求开示，药山禅师却毫不理睬。那李翱身为太守，一向高傲，何曾受过此等奚落，终于忍不住讥讽地说："正是见面不如闻名！"明摆着就是指责药山禅师的不近人情、不通世故。说罢，正要愤然离去，药山禅师忽然开口对他说道："太守怎么能贵耳贱目呢！"为什么你只相信耳朵，却不相信眼睛呢?

这一句话使得李翱为之所动，遂转身礼拜，并接口问道："什么是道？"

药山禅师伸出手指，指上指下，然后问："懂吗？"李翱说道："不懂。"药山解释说："云在青天，水在瓶！"

李翱经过药山禅师的点化，茅塞顿开。原来真理就在青天的云上，瓶里的水中！道在一草一木，道在一山一谷，道在宇宙间一切事物当中。他当即提笔写了一首诗：

证得身形是鹤形，千株松下两函经。

我来问道无余话，云在青天水在瓶！

下山后随即解甲归田，从此足不出户隐居山林。

一句“见面不如闻名”，一句“贵耳贱目”，一句“云在青天，水在瓶”，看似平常，却蕴含了说不尽的禅机。自然，不落痕迹。

太守来访，惟严禅师表现出“不为权贵功名所动惑”之心行修为，但太守不能体其道意，因此说“见面不如闻名”，而事实正是其“贵耳贱目”，不能体会禅师的不言之教！太守问“道”，禅师“手指上下”，意为“上有天下有地，法天象地而得顶天立地。依之而衍，天尊地卑、高低贵贱、四时阴阳……尽备矣，是明于至礼也。”太守不知天地至礼，不知至礼则不见大道。禅师便以青云自喻，以瓶中水喻太守；云在青山得自在，瓶中水不自由。太守领悟，故作诗言禅师以其道之高，为世人于山林建一荫庇所在，是以道化天下也；而一切执我见私见之众生，当修君子大道、得自在之止，莫学俗世争名逐利、了无休止。

水在瓶中，亦如云在天中，物性无别，万法归一。认清本心，随遇而安，顺其自然，则云之潇洒，水之恬静，也能相通。在天上，就做潇洒的云；在瓶中，就做恬静的水，把握住“现量”，就能够抛却诸般烦恼，得到自在。

当行脚的时候行脚，当隐居的时候隐居

无德禅师一直在四处行脚漂泊，一天经过佛光禅师那里，便去拜访他。

佛光禅师惋惜地说：“你是一位很有名的禅者，为什么那么辛苦地四处奔波，不找一个地方隐居起来呢？”

无德禅师无可奈何地答道：“我也想隐居，可是我拿不定主意，请问究竟哪里才是我的隐居之处呢？”

佛光禅师不客气地指出：“你虽然是一位很好的禅师，可是却连隐居之处都不知道？！”无德禅师开玩笑说：“我骑了三十年马，不料今天竟被驴子摔下来。”意思是说我三十年来见过不少大风大浪，今天却被你难住了。于是无德禅师就在佛光禅师这里住了下来。

一天，有一个学僧问道：“我想离开佛教义学，可以吗？请禅师帮我抉择一下。”

无德禅师告诉他：“如果是那样的人，当然可以了。”

学僧刚要礼拜，无德禅师却拦住他说：“你问得很好，问得很好。”

学僧道：“我本想请教禅师，可是我还没有……”

无德禅师打断他：“我今天不回答。”

学僧执著地问：“干净得一尘不染时又怎么办呢？”

无德禅师答道：“我这个地方不留那种客人。”

学僧再问：“禅师，什么是您特别的家风？”

无德禅师说：“我不告诉你。”

学僧不满地责问道：“您为什么不告诉我呢？”

无德禅师斩钉截铁地答道：“这就是我的家风。”

学僧更加不满了，讥讽道：“您的家风就是没有一句话吗？”

无德禅师无奈地随口说道：“打坐！”

学僧顶撞道：“街上的乞丐不都在坐着吗？”

无德禅师拿出一枚铜钱给学僧。学僧终于省悟。

无德禅师再见佛光禅师，郑重其事地说道：“我现在已找到隐居的地方，那就是当行脚的时候行脚，当隐居的时候隐居！”

我们若看待自己的命运如不系之舟，行云流水随他去，便能随时随地，随遇而安。

随遇而安是生命的高远境界，是很难学会，甚至是学不来的。宇宙间万事万物皆有其自身的规律之所在，水在流淌的时候是不会去选择道路的，树在风中摇摆时是自由自在的，因为这是苍天大地赋予的顺其自然之奥义。

随遇而安是最好的活法

人生中许多事不可强求，要顺其自然。过于执著，就会给我们的心灵套上枷锁，难得轻松自在，从此烦恼和痛苦不断。

生命是一种缘，是一种必然与偶然互为表里的机缘。有时候命运偏偏喜欢与人作对，你越是挖空心思想去追逐一种东西，它越是想方设法不让你如愿以偿。这时候，痴愚的人往往不能自拔，好像脑子里缠了一团毛线，越想越乱，他们陷在了自己挖的陷阱里。而明智的人会顺其自然，不去强求不属于他的东西。

生活中拂逆的事情是很多的。俗语说："不如意事常有八九"，我们一生很少有几次真正感到自己的生活一帆风顺，海阔天空。人生际遇不是个人力量可左右，而在诡谲多变，不如意事常八九的环境中，唯一能使我们不觉其拂逆的办法，就是使自己"随遇而安"。

有一次，王先生从台中搭公家运东西的车子回台北。车到中途，忽然抛锚。那时正是夏天，午后的天气，闷热难当。在赤日炎炎的公路上无法前进，真是让人着急。可是，他当时一看情形，就知道急也没用，反正得慢慢等车子修复才可以走。于是，他问了问司机，知道要三四个小时才可修好，就独自步行到附近的海滨游泳去了。

海滨清静凉爽，风景宜人，在海水中畅游之后，暑气全消。等他游泳兴尽回来，车子已经修好待发，趁着黄昏晚风，直驶台北。之后，他逢人便说："真是一次最愉快的旅行！"

随遇而安的妙处由此可见一斑，假如换了别人，在这种情形之下，怕不只好站在烈日之下，一面抱怨，一面着急？而那个车子既不会提早一分钟修好，那次旅行也一定是一次最痛苦最烦恼的旅行。

俗话说，"宠不喜，辱不惊"，当我们遇到不愉快的事情时，不妨用这种人生态度来安慰开导一下自己，随遇而安，坦然生活。

第七章

若无闲事挂心头，便是人间好时节

有所牵挂，有所烦恼。生活中，虽然有许多事值得我们记忆并珍藏，可是在很多时候，我们更应该学会遗忘，忘却那些不用记忆的困惑，不再沉溺于忧伤的往事，不再被昨日流逝的烦恼所束缚。

“春有百花秋有月，夏有凉风冬有雪。若无闲事挂心头，便是人间好时节。”漫漫人生路，你会有许多的烦恼与忧愁，如果你想天天快乐，那就不妨换一种心情去对待生活，学会遗忘，以真实的心情去对待生活。

什么都在乎，什么都烦恼

生活中，如果我们对什么事都太在乎，只会让你不堪重负，烦恼连连，活得很累。不在乎，才能烦恼不生，才能更快乐，也才能够有所成就。

爱因斯坦经常拒绝作家的采访或坐着由画家为他画像，但有一次，他改变了态度。

一位画家请求为他画像。

爱因斯坦照例回绝道："不，不，我没有时间。"

"但是，我非常需要靠这幅画所得的钱啊。"画家恳切地说。

"噢，那就是另外一回事了。"爱因斯坦马上改变了态度，"我当然可以坐下来让您画像。"

这个故事中有两点引入深思，一是爱因斯坦的同情心使他的人格更加伟大；二是画家不在乎那些面子，坦率地直陈困难，而获得成功，这种做法比花言巧语更能打动人心。

爱因斯坦创建相对论之后，科学界褒贬不一。1930年，德国出版了一本批判相对论的书，书名叫作《一百位教授出面证明爱因斯坦错了》。

爱因斯坦知道后，禁不住哈哈大笑。他说："一百位，干吗要这么多人？只要能证明我真的错了，哪怕一个人出面也足够了。"

真理只认可科学的推理与事实，与人数无关。社会活动中我们必须正视"群众的力量"，但在真理面前，"人海战术"并不能说明问题，更不能给谬论带来面子。可见爱因斯坦不在乎别人的攻击，并且直指他们的痛处。

还有一天，爱因斯坦在纽约的街道上遇见一位朋友。

"爱因斯坦先生，"这位朋友说，"你似乎有必要添置一件新大衣了。瞧，你身上这件多旧啊。"

"这有什么关系？反正在纽约谁也不认识我。"爱因斯坦无所谓地说。

几年后，他们又偶然相遇。这时，爱因斯坦已然誉满天下，却还穿着那件旧大衣。他的朋友又建议他去买一件新大衣。

"这又何必呢？"爱因斯坦说，"反正这儿每个人都已经认识我了。"

如果你对什么很在乎，那么你就觉得什么都不顺心，看什么烦什么。而当你对什么都看淡点时，反而能活得轻松自在。

后悔不过是在浪费时光

令人后悔的事情，在生活中经常出现。许多事情做了后悔，不做也后悔；许多人遇到了要后悔，错过了更后悔；许多话说出来后悔，说不出来也后悔……人的遗憾与后悔情绪仿佛是与生俱来的，正像苦难伴随生命的始终一样，遗憾与悔恨也与生命同在。

从昨天的风雨里走过来，身上难免沾染一些尘土和霉气，心中多少留下一些酸楚的记忆，这是不能完全被抹掉的。

人生一世，花开一季，谁都想让此生了无遗憾，谁都想让自己所做的每一件事都永远正确，从而达到自己预期的目的。

可这只能是一种美好的幻想。

人不可能不做错事，不可能不走弯路。做了错事、走了弯路之后，有后悔情绪是很正常的，这是一种自我反省，是自我解剖的前奏曲，正因为有了这种“积极的后悔”，我们才会在以后的人生之路上走得更好、更稳。

但是，如果你纠缠住后悔不放，以至自暴自弃、烦恼后悔、一蹶不振，那么这种做法就真是蠢人之举了。

美国一位教师曾用一很形象的事例来教育学生摆脱徒然无益的

悔恨。在课堂上她将一只装满牛奶的瓶子朝地上猛摔下去，瓶子破碎了，牛奶流了满地。她告诉学生：“你们可能对这瓶牛奶感到惋惜，可是这种惋惜已经无法使这瓶牛奶恢复原样了。因此，在你们今后的生活中发生了无可挽回的事时，请记住这摔破了的牛奶瓶。”这位教师道出了一个生活哲理：如果明知错误已经形成，而且无可挽回，却偏要去挽回，这样做是徒劳无益的。

古希腊诗人荷马曾说过：“过去的事已经过去，过去的事无法挽回。”

的确，昨日的阳光再美，也移不到今日的画册。我们需要总结昨天的失误，但我们不能对过去的失误和不愉快耿耿于怀，因为伤感也罢，悔恨也罢，都不能改变过去，都不能使你更聪明、更完美。

如果总是背着沉重的怀旧包袱，为逝去的流年伤感不已、后悔烦恼，那只会白白耗费眼前的大好时光，那也就等于放下了现在和未来。那么，我们为什么不好好把握现在，珍惜此时此刻的拥有呢？为什么要把大好的时光浪费在对过去的悔恨之中呢？

我遗忘，我自在

在我们的一生中，有许多值得记忆的事。比如，第一次得到老师表扬时的喜悦心情，第一次参加演讲比赛时紧张的感觉……第一次约会时的那份期盼，那份等待，那份焦急，这初次见面时的尴尬和羞涩，你一定不曾忘记吧！你一定也还记得工作后第一次领到薪水时的喜悦吧！也许我们曾经经手过许多钱，但这一次是真正意义上你通过自己的努力赚来的钱，你一定有许多特别的感受吧！你感受到了人生的不易，对未来社会充满憧憬！

如果你是一位学生，你一定希望可以拥有超强的记忆力，可以记住那些枯燥的英文单词和乏味的数学公式，记下那一条条的政治概念。在大街上随意走走，你可以看到许多有关如何提高记忆的广告，如各种记忆方法的培训班，以及有助提高记忆力的药物的广告大战，你一时眼花缭乱，不知道何去何从了。

可是谁又曾注意到记忆的另一面呢？

大家对鲁迅先生并不陌生吧，一定还记得他笔下的祥林嫂，我们都曾因她的经历而同情她，但是她年复一年地生活在过去的阴影中，不能将过去遗忘，直到她老去的时候，她还对人说：“我们阿毛……”如果设想她可以遗忘那些伤心的往事，那么小说的结尾一定不会那么悲惨。

也许你会说这只不过是小说吧，现实生活中哪会有这样的事呢?

如果你是一个喜欢看新闻的人，你应该对所罗门·谢列谢夫斯基不陌生吧，他是全球有名的记忆能手，曾在无数人面前表演过他非凡的记忆力，他甚至只看黑板一眼，就可以将上面写满的数字准确无误地说出。这种记忆可以持续数月，甚至数年。在过去的三十年里，他是俄罗斯科学家追踪研究的对象。可是他却为他超凡的记忆力付出了沉重的代价，他将事物以图像的方式贮存的记忆天赋阻碍了他智力的发展，因此直到成年，他的智力水平一直停滞在少年时的水平。

当然你也许会说，我们想遗忘的都是那些伤心烦恼的往事，可是我们也要遗忘那些无用的曾经辉煌的过去。如果我们背着荣誉的包袱，又怎么可以轻装上阵呢，在体育比赛中，我们常常会发现这样的实例，世界冠军常常被无名小卒打败，就是因为冠军们一直记得他们是冠军，心里放不下，于是比赛就会受影响，发挥不出正常水平。

在气功修行中，讲究的是忘掉自己，达到无我，从而全面放松你的身体。在青山绿水之间，在蓝天白云之下，静静地聆听源自大自然的天籁之音，忘掉自己，融入大自然，你就会感受到那种“万物与我齐一”的境界。

在生活中，我们快乐着、痛苦着、烦恼着、幻想着。虽然有许多事值得我们记忆并珍藏，可是在很多时候，我们更应该学会遗忘，不再沉溺于忧伤的往事，不再被昨日流逝的荣誉所束缚。

烦恼是毒，遗忘是解药

每个人都会或多或少地留恋自己的过去，会对自己的个人历史很迷恋，事实上，多数人都会以自己的过去为荣——不论是积极的还是消极的。我们赞美它，哀惋它，因它烦恼暴怒，对它夸张其辞，无论如何都要牢牢抓住它，怕它一旦消失，我们也会随之而去。然而，我们有时也会感觉到，它像一个超重的大包袱，我们时时刻刻背负着它，当我们说它是我们生活的一部分时，我们也在偷偷怀疑，它真是我们生活中的一部分吗？

从很多方面说，每个人的过去都像一个装着记忆和昨日残留物的旧包袱，我们总以为会在未来的某一天用到它。由于这种错误的看法，我们总是不愿遗忘过去，每次当我们打开记忆的大门回顾过去的辉煌和不快时，就会很大程度上影响我们现在的生活，我们新的关系和新的生活就会变得纠缠不清，烦恼重重。这样对过去的依附、认同就像阴云一样遮蔽了我们的现在，让欢乐与探索的阳光无法照耀我们的生活。

可事实上，我们不可能有太多的时间和精力放在回味过去上，我们应该关注的是此时此刻发生在我们周围的事情，正如一句名言所说：我们应该害怕的不是未知的将来，而是已知的过去。

要知道遗忘其实是一种艺术，也是生活的必要。该遗忘的我们就让它沉入脑海的底层，不该遗忘的我们就应该把它牢牢记住。这些话说起来很容易，可做起来却又是那样艰难。有位作家说过这样的一句话：“我们面对那永不再来的过去，无论是美好的还是不再美好的，我们都应该学会遗忘，这是人生的必需也是生活给我们的启迪。”不要让心在岁月的轮回中变老，不要把自己推向尘世的矛盾与无奈中。无论世事如何转变，如果学会放弃，学会遗忘，就不会被名利迷失自己，就不会有烦恼，就会天天拥有美丽的心情。

遗忘，对痛苦是解脱，对疲惫是宽慰，对自我是一种升华。在人生的旅途中，如果把什么成败得失、功名利禄、恩恩怨怨、是是非非等都牢记心中，让那些伤心事、烦恼事、无聊事永远萦绕于脑际，在心中烙下永不褪色的印记，那就等于背上了沉重包袱，无形枷锁，就会活得很苦很累，甚至精神萎靡，心力憔悴，生命之舟就会无所依存，就会在茫茫大海中迷航，甚至有倾覆的危险。

如果我们善于遗忘，把不该记忆的东西统统忘掉，那就会给我们带来心境的愉快和精神的轻松。

记住该记住的，忘记该忘记的

上帝赐给每个人的宝贵礼物，那便是学会遗忘。人有选择记住什么、忘掉什么的权利，这点自由是没有人能剥夺的。可是乐观的人选择记住自己的理想，别人的赞美，以及一切美好的人与事物；悲观的人却老是记起自己的不幸，委屈以及所有受过的苦难，因此他一直生活在烦恼之中。

我们应该学会遗忘，将过往的事物从大脑中清空，从内心中卸下。我们只有学会遗忘，步伐才能更加轻松，生活才会更加美好。

如果一个人的脑子里整天为过去的事情胡思乱想，把没有价值的东西记存在头脑中，那他总会感到前途渺茫，人生有太多的不如意，更无快乐可言。所以，我们很有必要对头脑中储存的东西给予及时清理，把该保留的保留下来，把不该保留的予以抛弃。用理智过滤去自己思想上的杂质。只有清空大脑，善于遗忘，才能更好地保留人生中最美好的回忆。

忘记需要选择，有些人、有些事在你的一生中是无法忘怀的，也不该忘怀。

曾经有这样一个故事，三个好朋友在一起旅行。三人行经一处山谷时，甲失足滑落。幸而乙拼命拉他，才将他救起。甲于是在附近的大石头上刻下了：“某年某月某日，乙救了甲一命。”三人继续走了几天，来到一处河边，甲跟乙为一件小事吵起来，乙一气之下打了甲一耳光。甲跑到沙滩上写下：“某年某月某日，乙打了甲一耳光。”当他们旅游回来后，丙好奇地问甲为什么要把乙救他的事刻在石上，将乙打他的事写在沙上？甲回答：“我永远都感激乙救我，我会记住的。至于他打我的事，我只随着沙滩上字迹的消失，而忘得一干二净。”这个故事告诉我们，牢记别人对你的帮助，忘记别人对你的不好，这才是做人的本分。

记住某些事某些人，忘记某些事某些人，记住该记住的，忘记该忘记的，洒脱人生，心无挂碍，你便会觉得生活是如此美好。

遗忘烦恼，沉淀幸福

人们总是希望自己活得快乐一点，洒脱一点，可是身处尘世，放眼四周，却常常会有人说自己并不快乐，被一种不可名状的困惑和无奈、烦恼和痛苦缠绕着。我们为什么不快乐呢，一个重要的原因就是我们没有学会遗忘，而是在不断的后悔中生活。

一个十六岁的花季少女患了白血病，这是一个犹如晴天霹雳般的消息，一个花一样的生命即将逝去，许多人都为她感到惋惜，但她自己却每天笑嘻嘻的，充满青春的活力，好像自己仍然是一个健康人。

在女孩弥留之际，她的父母哭成了泪人，他们不舍得女儿离去，也不忍心眼睁睁地看着曾经充满朝气的女儿在他们眼前合上眼睛。这时，女孩指了指手中的本子让母亲看，母亲快速地读着，读到最后一页的时候，母亲合上了本子，走到女儿的面前，笑了一下，女儿也朝母亲笑了一下，那是很欣慰的笑，接着闭上了眼睛。

母亲笑着送女儿离去，这是多么不可思议！其实是女儿给了母亲活下去的勇气，在本子的最后一页写到：“母亲，请不要为我的离去而感到伤心。我来自天上，我向往着太阳，现在我将要回去了。请忘记我的离去，就等于我永远活在你的心中，没有离去。”这是多么感人的话语，女儿这么做是对的，她明白，不能给人带来快乐的东西就应该遗忘，这样生命中才能充满快乐。

在我们的日常生活中，在我们的人生路途上，我们欣赏到、见到的不全是让我们愉悦而开心的风景，我们还会遇到种种挫折和不幸，有些甚至是致命的打击。因此我们有必要学会遗忘，对于我们来说遗忘是一种明智的解脱。一次不该有的邂逅，一场无益身心的游戏，一次不成功的使人失魂落魄的恋爱，一场让人丢失进取心的空虚幻想，这些都是我们应该从记忆的底片上必须抹去的镜头。因为我们还在人生路途上行走，我们追求的事业、目标在前方不远处，我们遗忘是为了使自己更好地赶路，使我们走得更加轻松。

人们常常为了名利将自己弄得疲惫不堪，为此将他人对待自己的种种误解铭记于心，将别人的轻视耿耿于怀。于是，本打算给自己营造一个轻松愉悦的天地，却不料到头来是给自己套上一个又一个精神枷锁，烦恼不断，心里的那片蓝天在不知不觉中抹上了灰色，伴随着成长的足迹深植于心，在不经意中折磨摧残着自己。这时我们真的需要一点遗忘的精神。忧心忡忡的你不妨到大自然中去体会事物本来的神韵，净化你的心灵，化解你的悲苦，遗忘你应该遗忘的那些东西。

遗忘在某种程度上也是一种宽容的体现。作为一个普通人，也许你并没有获得人生中所谓的辉煌，也许你遭受了不应有的嘲讽和轻视，但你不必为此而苦恼，你完全可以潇洒地把它们忘掉。因为，你如果为这些烦事所忧，就永远休想获得人生的辉煌。每个人都需要有一个心灵的空间去反思自己，在这个空间里，学会遗忘可以让你感受到自己的空间清澈了许多，让琐事像漂浮物一样远离我们而去，沉淀下来的是我们对生活智慧的领悟。

美国白涅德夫人曾经写过一本《小公主》，里面的主人公莎拉曾经是一个富家女，但她的爸爸突然死去，还破了产，只留下她这个10岁的小女孩。她的生活从天堂掉到地狱，每天都要干脏活、累活，还要忍受别人的讥讽和嘲笑。但她依然很快乐，她接受了这个事实，并且幻想有一天幸福会降临，从而忘记了痛苦和屈辱。当我们在面对这样的环境的时候，我们是不是也应该这样呢？

学会遗忘，这并不是一件容易的事，有许多你想忘也忘不掉的烦恼、悲伤、痛苦、耻辱，它们是那么的刻骨铭心。我们要以一颗平常心去对待问题，既然已经发生了，就应该去接受它再忘掉它，不要为你的生活添上许多不必要的烦恼。学会遗忘吧，遗忘该遗忘的，留给自己一个清新宁静的生存空间，便会感受到“欲上青天揽明月”的宽阔胸怀。

漫漫人生路，你会有许多的烦恼与忧愁，如果你想天天快乐，那就不妨换一种心情去对待生活，学会遗忘，以真实的快乐去对待生活。

人生如棋，落子无悔

有句话说得好：“人生如棋，落子无悔。”人生犹如棋局，有的人说走错一步，满盘皆输。所以，我们在人生这盘棋上常常走得异常小心，时而举棋不定，时而举步维艰。我们的每一处选择都犹如一颗棋子，每次落子的时候，心里总会充满矛盾和犹豫，担心棋子摆放位置错误，担心被对方的棋子“吃掉”，担心给自己的道路设阻等等。所以，因为有了太多的顾虑和担心，每一盘棋下来常常让我们大汗淋漓，耗尽了大把的时间和精力。如果棋路顺畅，棋子步步为营，那么则胜券在握，此时花费任何代价都不足为惜，如果说我们费尽心思，但结果仍然以败局告终，那么就会心存不甘、垂头丧气。

真正潇洒的人，会不计一局一子的得失。落子无悔，就是这类人的人生态度。不管来时路，即使前途未可知，只要自己选定好位置，就从容地落子。甘当小卒不后退，走错路子不悔棋。

与人对弈，走错了棋子可以重来，而人生博弈，走错了路子却没有重来的机会。漫漫人生，变换不定。人生如棋，棋势无定。

每一颗棋子都担负着不同的任务，都拥有着独一无二的位置，那么在人生这盘棋中，我们是否将自己视为那颗最重要最关键的棋子呢？

有时候，我们置身于一个环境中，成长在某个年龄阶段，常常会搞不清自己是个无名小卒，还是应该做一个以一当十的“车马炮”。在纷繁复杂的棋局中，我们常常会迷失方向，不知道是该疏通自己的棋路，还是该设阻迷惑对方的布阵，不知道是以“吃子”为快，还是以“将军”制胜。

人生如棋。我们在人生这个大棋盘上，常常走着走着就忘记了自己最初的梦想。是自己的棋艺不够精湛吗？还是需要更多的经验积累？当我们面对众多有着各自意义和价值的棋子，我们是否能把它们一一放在最需要的位置上？就如同我们每一个人生十字路口的选择，每往前走一步，是否能让我们无怨无悔，意志坚定，赢得大快人心，输得心悦诚服？

其实，即便是棋艺高超的棋手也无法控制棋局的结果，也会有走错棋的时候。犹如无论多厉害的智者，都预知不了人生的成败一样。所以，人生如棋，落子不悔。只要一步一个脚印，踏踏实实地走下去，无论前方是什么样的景色，我们都要欣然接受。失败了，就把来时的路当作经验和经历好好珍藏着；胜利了，就把未来的路当作信仰和理想执著坚定地走下去。这样的人生，就是无悔人生。

古人云：“道之生，无常之变；道之灭，无妄之灾。”输赢乃兵家常事，赢了不必喜形于色，输了也不必一蹶不振。拿得起，放得下，不抱怨，不后悔，才是应有的态度。

不要为打翻的牛奶烦恼

令人后悔的事情，在生活中经常出现。许多事情做了后悔，不做也后悔；许多人遇到要后悔，错过了更后悔；许多话说出来后悔，说不出来也后悔……人的遗憾与后悔情绪仿佛是与生俱来的。

我们不能保证让自己所做的每一件事都永远正确，从而达到自己预期的目的。人不可能不做错事，不可能不走弯路。做了错事、走了弯路之后，有后悔情绪是很正常的，但是，如果纠缠住后悔不放，或羞愧万分、一蹶不振，或自惭形秽、自暴自弃，那么不但对事情的解决无益，对自己也是一种折磨。

后悔不能改变现实，只会消弭未来的美好，给未来的生活增添阴影。还是卡耐基的那句话："要是得不到我们希望的东西，最好不要让忧虑和悔恨来苦恼我们的生活。且原谅自己，学得豁达一点。"不为打翻的牛奶哭泣，着手现有的问题，才是我们的做事之本。

一天，一位老师在实验室讲课，他先把一瓶牛奶放在桌上，沉默不语。学生们不明白这瓶牛奶和所学的课程有什么关系，静静坐在位置上，不解地望着老师。这时候，老师站了起来，一巴掌将那瓶牛奶打翻在水槽中。然后他将学生们叫到水槽前，说："我希望你们记住，牛奶已经淌光了，无论怎么样后悔和抱怨，都没有办法取回一滴。你们要是事先想一想，加以预防，那瓶牛奶还可以保住；可是现在，如果还为它劳心费神，分散精力，是没有一点儿益处的。现在最紧要的，就是忘记它，注意下一件事。”

明代大学问家曹臣的《说典》，其中有一则小故事《甑已摔破，顾之何益》，读来竟让人感到充满着人生的大智慧。东汉大臣孟敏，年轻的时候曾卖过甑，一次，他的担子掉在地上，甑被摔碎了，他头也不回地径自离去。有人问他：“坏甑可惜，何以不顾？”孟敏十分坦然地回答：“甑已破矣，顾之何益？”是的，甑再珍贵，再值钱，再与自己的生计息息相关，可它被摔破，已是无法改变的事实，你为之感到可惜，心疼如焚，顾之再三，又有什么益处呢？

的确如此，不要为无法改变的事痛惜、后悔、哀叹、烦恼。生活不可能重复过去的岁月，光阴如箭，来不及后悔。从过去的错误中吸取教训，在以后的生活中不要重蹈覆辙，要知道“往者不可谏，来者犹可追”。

长长短短的人生路上，一旦有了明确的目标，就不要在意这样那样的牵绊，要紧的是不懈不怠地去探寻、去追求。不要为打翻的牛奶哭泣，否则，正如泰戈尔所言，如果你因为错过太阳而流泪，那么你也将错过月亮和星辰。

练习遗忘，创造生命亮丽的风景线

俄国作家、政治家赫尔岑说过，有的人总想保存一切，要蔷薇，也要雪；他们希望在一串串成熟的葡萄旁边开放着五月的鲜花。然而这是不可能的。事实也正是这样，根据培根的科学分类思想，18世纪法国启蒙思想家狄法罗·达尔贝等百科全书派，制定过一张“人类知识图表”。这张图表把大大小小的知识类型分为80种。在科学发达的今天，知识的类型就更多了。随着人类对科学文化需求量的增加，知识集聚的速度也愈来愈快。如果我们以有生之年去学习无限的知识，试图记住所有知识，事事通晓，不仅累坏了身体，而且也必将一事无成。由此可见，记忆固然重要，而遗忘也断不可少。

有所遗忘，才能有所收获。遗忘过去的烦恼，能让我们更轻松地活在当下。那么，怎样才能做到自如地遗忘呢?

注意一下，你和你周围的人花在谈论和考虑过去的时间，注意一下有多少宝贵时间用在讨论过去你做了什么、和谁做、发生过什么这些事上。通过比较，观察一下，有多少时间花在处理那些真正发生或即将在你生活中发生的事上。然后在一张白纸或日志上，就你的观察发现以及它带给你的感受做一个记录。

花点时间，收起那些把我们引向过去的卡片、信件、纪念册、年鉴以及其他纪念物。你可以把它们放进新纸盒或旧皮箱里，它们可以安全、妥善地保存着，以便在你想沿着记忆的小路做一次旅行的时候，可以随时找到它们。但是，现在，一定要清理干净，以便你轻松无碍地迎接每个时刻。

关于过去你会有很多故事，它们或许并不真实，或许经过了你的夸张、删减。列一个关于这样故事的单子，在每个故事的旁边写一两个句子，描述一下你在讲这个故事的时候，你自己想说的话。比如，其中的一个故事是关于一个老朋友的，你讲它的原因是，你和这个朋友的关系曾有特殊的性质，它对你很重要。或者，在你的生命中有这样一件事，它标志着一个成功的重要时刻，你讲它的原因是，它让你充满希望和骄傲。用一些时间，把那些你每次见到新朋友就一遍又一遍讲的过去的故事列个单子。

在一张白纸上列一些项目：你真正想要别人了解你什么，你最喜欢自己的什么，你需要的东西、你关注的人和事是什么，对于“现在”，什么最牵动你的情绪。在单子的每一项旁边记录，写上你所相信的价值，它会把这些事情向你和你周围的人们揭示出来。

与自己达成协议，每当你发现自己又在讲那些老故事的时候，就停下来，问自己你到底想通过那个故事和那个人说什么，然后就把你想说的直接告诉他。讲那些与他们有关的，与你现在生活有关的事情。一个学会了遗忘的人，就是一个健康的人，成熟的人，就能放下过去沉重的包袱，轻装上阵，精力充沛地面对现实，信心百倍地去迎接未来，面临新挑战，创造生命亮丽的风景线。

第八章

内心简单，世界就不会复杂

很多人常常埋怨世界的不完美，抱怨自己的生活不圆满，为此成天生活在烦恼和抱怨中。月有阴晴圆缺，世界本不是完美的；人有悲欢离合，人生有许多不完美之处，每个人都会有或这或那的缺陷。不完美才是美，不完美是生活的一部分，拥有缺陷是人生另一种意义上的丰富和充实。正视缺陷，它或许会将我们带入另一片风景！

这个世界并不复杂，复杂的是人本身，只要我们心想得简单一些，世界就不会复杂，一切烦恼都会消散，生活的天空便一片明媚。

人有悲欢离合，月有阴晴圆缺

人生没有完美可言，完美只是一种理想状态，因为世上任何事物都不可能不存在瑕疵。要忘记事事都必须完美的想法，你自己跟世上其他所有人一样，也是不完美的。绝对的完美是没有的，生活中处处都存在缺憾，这才是真实的人生。抱着这种心态过生活，生活会变得轻松很多。

世事总有欠缺，没有一个人的生活是完美的。事实上，也不存在一种生活会让每一个人完全满意。我们做不到从不苛求，但至少应该让自己少一些苛求，而多一些积极的心态去拥抱生活。假如苛求成了习惯，生活就会变成一个牢笼，处处不顺，处处不满，烦恼就会没完没了；反之，则会快乐而惬意地生活。其实，能够健康地呼吸这世界上的新鲜空气，就是一种莫大的幸福，何必苛求不完美呢？

人有悲欢离合，月有阴晴圆缺，这是自然的规律，并不是以人的意志为转移的，那就勇敢地接受。你不能说只有半弯的月亮就不是月亮，它除了不完整外，还不是依然在释放它仅有的光明吗？这不足以证明缺憾也是一种美丽吗？月食，由于存在缺憾而别有动人之象；皎皎满月固然甚为辉煌，却反倒失了一种韵致。

假如你觉得老天爷有失公允，而把“缺憾”投掷给你，你就大错特错了。因为老天爷让你拥有缺憾之后，也一并给你提供了一个创造美的机会，这恰恰是老天爷赐予你的一份别样的礼物，会让人走向成熟与成功。所以，收到礼物的人们，请别再把“缺憾”挂在嘴边，成为闷闷不乐的源头，而应该用自己的性灵去感受那些“缺憾”，或者用心欣赏那些“缺憾”，或者竭心尽力地弥补那些“缺憾”！

人生中的缺憾固然是一种美丽，但也不要沉迷其中，而应懂得珍惜眼前所拥有的，才不会让所拥有的在自己的疏忽间失去，变成更多的原本不该产生的缺憾。

别对自己目前所拥有的东西苛求或不满。我们无须时时事事追求圆满，不能做到最好，何不退而求其次呢？它们或许是贫乏的、差强人意的，但既然没有办法将其做到更好一些，不妨迁就你已经拥有的一切，从中找到出口和希望。这样，才会有一个可以期待的未来。一个人如果总是陷于那种对“完美”的追求里，只会留给自己更多的遗憾。

苛求的人，烦恼总是比别人多

2004年，维纳斯·威廉姆斯在法国网球公开赛上取得了17场连胜的战绩。然而，她却对媒体说："我还不够努力，而且讨厌在任何事情上犯错。"她的这番话得到了很多人的赞成，认为凡事追求尽善尽美，才能获得好成绩。可是，在心理学家看来，事实并非如此。

加拿大英属哥伦比亚大学心理学家保罗·休伊特自20世纪90年代开始研究完美主义，他曾指出，过度追求完美是一种病态心理，会对身心健康造成不利的影响。他研究后发现，完美主义者有不同的表现形式，但无论是哪种类型的完美主义者，都有这样或那样的健康问题，比如沮丧、焦虑、饮食紊乱等。他还表示，完美主义者其实很脆弱，他们应该学会适时偷偷懒。

当然，这里的偷懒不是碌碌无为，而是让自己放松。举个例子，制定现实的目标是一种偷懒。"往往完美主义者的焦虑和苦恼都是由于将目标制定得太高，每次将目标降低一级，就不会活得又苦又累。"假如我们学会制定现实的目标，将会获益颇丰。一般来说，一个完美主义者未能达成既定目标，比如第一天跑完1500米，他会制定一个更高的目标作为补偿，因此，第二天他就会努力跑3000米。

然而，在这个快节奏的社会里，要将心中想做的事情都付诸行动是很难做到的，因为有太多琐碎的事物会对人们的步履造成牵绊。既然难以做到，我们何不尝试另一种生活方法：退而求其次。得不到最好的，只有要差一点的了。比如，有两个目标，一个高一些，一个低一些，当高的目标达不到的时候，转而去实现低一级的目标，这就是所谓的退而求其次。太过苛求完美，生活会跟你过不去的。

鲍女士最初发现自己怀孕时，便将卧室墙壁上的油画换成了可爱的婴儿画像，天天进行“想象胎教”，希望自己的宝宝一出生就是俊男或者靓女。然而，在怀孕24周的时候B超显示胎儿脐带绕颈。医生看过检查单后，告诉鲍女士过1个月之后复查。这个时候，鲍女士心想：只要胎宝宝健康就好，相貌美与丑无所谓。

后来，宝宝平安降生了。鲍女士每天对着宝宝看，想象着有朝一日可爱的儿子戴着博士帽的情景。可是，宝宝在不到4个月的时候，一个不留神，宝宝从床上直挺挺地摔到了地上，号啕大哭。鲍女士赶紧抱起孩子奔向医院。去医院的路上，她不停地哭泣，心想千万不要摔坏了头，真要是摔傻了可如何是好呢？到了医院，挂了急诊，医生检查后说没什么大碍，不会影响到孩子的智力。鲍女士又怯怯地问：“孩子额头那儿以后会不会留疤呢？”

时间过得很快，转眼间，鲍女士的孩子就读小学四年级了。每逢周末，他都被鲍女士领着去这个辅导班那个辅导班。鲍女士也不断地拿他跟这家的孩子比，跟那家的孩子比。有一天，孩子突然不明原因地发高烧，检查室外的鲍女士流着泪祷告：我不在意儿子的学习成绩了，只要我儿子健健康康的就好。

相信在实际生活中，像鲍女士这样的人不在少数。事实上，每一个人都在找一个心目中的完美。当不能如愿以偿时，退而求其次，再退而求其次，没办法时就渐渐地接受甚至喜欢上了这个求来的其次。从某种意义上说，这种心态是值得嘉奖的。

因为完美只是海市蜃楼的幻想，不会成为现实。在生活中，追求完美往往以烦恼、痛苦而告终。这是为什么呢？因为这些人在做事情的时候，多数是已经获得了一定成果的人，但他们并不满足于此，于是又开始向完美的方向努力，最终他们的目标落空了。原本在已取得成就之后，他们应该是心满意足的，但最终却以扫兴收场，所以，相比之下，结果对他们而言，是悲哀而痛苦的。

知足的人，是最幸福的人

有个青年人常为自己的贫穷而成天烦恼、牢骚满腹。

“你具有如此丰富的财富。为什么还发牢骚？”一位智者问他说。

“它到底在哪里？”青年人急切地问。

“你的一双眼睛，只要能给我你的一双眼睛，我就可以把你想得到的东西都给你。”

“不，我不能失去眼睛！”青年人回答。

“好，那么，让我要你的一双手吧！对此，我用一袋黄金作补偿。”智者又说。

“不，我也不能失去双手。”

“既然有一双眼睛，你就可以学习；既然有一双手，你就可以劳动。现在，你自己看到了吧，你有多么丰富的财富啊！”智者微笑着说道。

故事告诉我们，生活中如能降低一些标准，就能知足常乐。

老子在《道德经》中说：“祸莫大于知足，知足不辱，知足不殆，可以长久。”讲的是知足常乐的道理。孟子说：“养心莫善于寡欲；其为人也寡欲，虽有不存焉矣；其为人也多欲，虽有存焉寡矣。”说的也是知足常乐的道理。知足常乐，可以说为每个中国人所熟知，在现实中又有几人能做到这一点呢？许多人不可谓不聪明，但却由于不知足，贪心过重，为外物所役使，终日奔波于名利场中，每日抑郁沉闷，不知人生之乐。

知足者才能常乐。“人心不足蛇吞象”，人的欲望是无止境的，如果任其膨胀，必将后患无穷。人有了贪欲，就永远不会满足，不满足，就会感到欠缺，高兴不起来。

不知足的可怕之处，不仅在于摧毁有形的东西，而且能搅乱我们的内心世界。自尊、做人的原则，都可能在贪心面前垮掉。

人的不知足，往往由比较而来。同样，人要知足，也可以由比较得到。人的欲望如同黑洞一样，没有填满的时候，如果任由其膨胀，则会为此生许多烦恼。如果能多看一下不如自己的人，和他们比一下，而不是一味地和比自己强的人比较，那么一切不平之心也许就会安宁。我们不妨抱一种“比下有余”的人生态度。

有许多时候，我们不知道满足。对于前世，我们会埋怨父母没有把我们生养在富贵之家，对于后世，总是抱怨子孙们不能个个如龙似凤，但我们更多的不满足还是来自于自身。

欲望的驱使，幻想的冲动，不切合实际的索取，如果把不知足归结为人类后天的变异，这有失公允。其实，不知足是一种最原始的心理需求，知足则是一种理性思维后的达观与开脱。

老子说过：“有所为才能有所不为。”换句话说，能知足才知不足。知足与不知足是一个量化的过程。我们不会把知足停留在某一个水平上，也不会把不知足固定在某一个需要上。不同的年代，不同的环境，不同的阶层，不同的年龄，不同的生活经历，知足与不知足总会相互转化。

知足使人平静、安详、达观、超脱；不知足使人骚动、搏击、进取、奋斗；知足智在知不可行而不行，不知足慧在可行而必行之。在知足与不知足之间，我们应更多地倾向于知足。因为它会让我们心地坦然。无所取，无所需，就不会有太多的思想负荷，不会有莫名的烦恼。在知足的心态下，一切都会变得合理、正常、坦然。

人如果能体会到自己本来就是无所欠缺的，这就是最大的富有。真正的满足是内心的满足，而非物质的满足。

追求完美，但不苛求完美

一个硬币有正反两面，一个人也有优缺点，没有谁能够成为完美的人，因此我们不要用人生短暂的光阴去盲目追求完美。

事实上，我们是不完美的，可以形容为是上帝咬过一口的苹果，然后丢弃在了人间。我们要想实现完美，就好像大海捞针，最后只会徒劳无功。

勇敢的人往往缺少智慧，聪明的人往往缺少勇气，豪爽的人往往心思过疏，谨慎的人往往怀疑过头……一种阳光性格的另一面必然是阴影，我们又怎么能达到完美呢?

我们不要求达到生活的完美。生活本身应该有些风浪，风浪正是我们出航的助力。如果我们生活在一帆风顺中，我们不会增长自己的才干，同时也很难体验生活的乐趣。

我们没有办法祈求上天给我们一个完美的生活。生活就是这样，不可能完美，不可能一帆风顺。我们也没有必要过于追求完美，追求一帆风顺。我们要追求的是适应和驾驭生活的能力，就像我们在大海上，要做的是适应和驾驭那条摇摇晃晃的船，以及面对风浪所具备的应对能力。

一位才思敏捷的牧师对公众作了一场精彩的演讲，最后他以肯定自我价值作为结尾，强调每个人都是上帝眷顾的宝贝，每个人都是从天而降的天使。活在这个世上，每个人都要用好上帝给予的独特恩赐，去发挥自己最大的能力。

听众当中有个人不服牧师的说法，站起身来，指着令自己不满意的扁塌鼻子，说道："如果像你所说，人是从天而降的天使，请问有哪个完美的天使长着塌鼻子呢？"

另一个嫌自己腿短的女子也起身表示同样的意见，认为自己的短腿不是上帝完美的创造。

牧师轻松而自信地回答："上帝的创造是完美的，而你们俩也确实是从天而降的天使，只不过……"

他指了指那名塌鼻子的男子，说："你降到地上时，让鼻子先着地罢了。"

牧师又指着那嫌自己腿短的女子，说："而你，虽是脚先着地，却在从天而降的过程中，忘了打开降落伞。"

人生有许多不完美之处，每个人都会有这样那样的缺憾，真正完美的人生活中是不存在的，即使是中国古代的四大美女，也有各自的不足之处。据历史记载，西施的脚大，王昭君双肩仄削，貂蝉的耳垂太小，杨贵妃还患有狐臭。道理虽然浅显，可当我们真正面对自己的缺陷、生活中不尽如人意之处时，却又总感到懊恼、烦躁。

其实，完美的标准是相对而言的，因人的审美观不同而不同，今天以肥为美，明天就可能以瘦为美。古人以脚小为美，如果今天有"三寸金莲"走在大街上，路人肯定会笑掉大牙。

追求完美没有错，可怕的是追而不得后的自卑与堕落。即使缺陷再大的人也有其闪光点，正如再完美的人也有缺陷一样。

缺陷并不可怕，完美也没有十分。面对不足，采取泰然处之、宽容的态度，生活中便会少一分烦恼，多一片笑声。

但丁曾说，尽心就意味着完美。在做任何一件事情时，只要我们抱着“没有最好，但有更好”的态度，用心去做事就可以了。对于那些缺憾，我们只要把它当作教训，引以为戒，并以此来激发下一步的行动，完全不必把它过于放在心上。

原谅生活是为了更好地生活

许多人一直在追求完美，生活在完美编织的梦想中，经常感叹自己的生活不如意，抱怨自己的命运不顺，埋怨生活的不公。其实生活仍然是生活，关键看你选取什么角度。

追求完美但总是难以得到完美，心情就会难免沮丧失落。于是对一切感到乏味，生活的天空阴云密布，看什么都不顺眼，像T恤衫上印着的“别理我，烦着呢！”生活中有很多时候令我们心情不好，面对高考落榜，面对失恋，面对解释不清的误会，我们的确不易很快地超脱。但是人有逆反心理，更多的时候是“多云转晴”。烦些什么？你的敌人就是你自己，战胜不了自己，没法不失败；想不开，钻死胡同，全是自己所为。

烦恼沮丧的时候，退归你生活的角落，去充电、打气。选一盒录音带，京剧、越剧、歌曲、乐曲什么都成，边听边练毛笔字，书写龚自珍的乙亥杂诗“霜豪掷罢倚天寒”，多带劲！“不是逢人苦誉君，亦狂亦侠亦温文”，多亲切！你还是发泄一下，那就大声唱出来：“我站在冽冽风中，恨不能荡尽绵绵心痛；看苍天，四方云动，剑在手，问谁是天下英雄……”（取自歌曲《霸王别姬》）渐渐地排遣了沮丧，焕发出了新的激情，环视四周，发现一切正常，你的消沉、你的低落、你的怨愤没有任何意义，既然如此，何不让自己回归正常？凭什么总跟自己过不去呢？试试看，每天吃一颗糖，然后告诉自己——今天的日子，果然是甜的！

有时候，我们要现实一点，不必过分苛求完美。“不识庐山真面目，只缘身在此山中”，走出去或登到顶上去，你会看到另一番景象。

我们看清了自己，再来看生活，也许会多几分宽容在里面。生活本身，并不是可以实现所有幻想的万花筒，生活和我们是相互选择的，不该过分计较生活的缺憾，生活本来就没有承诺过什么。它所给予的，并不总是你应当得到的，而你所能取得的，是凭你不懈的真诚和执著得到的。

人类以热爱生命为目的，人类中却有另一部分人以猎取生命为职业。一位德国作家兼心理医生，维克多·费兰克，回忆自己住纳粹集中营的生活时说：“人所拥有的任何东西，都可以被剥夺，唯独人性最后的自由不能被剥夺，正是这种不可剥夺的精神自由，使得生命充满意义且有目的……那一刻我所身受的一切苦难，从遥远的科学立场看来，全都变得客观起来。我就用这种办法把自己超越。在困厄的处境，我把所有的痛苦与煎熬当成前尘往事，并加以观察，这样一来，我自己以及我所受的苦难全变成我手上一项有趣的心理学研究题目了。”这种方式值得借鉴。当我们凭窗而坐，静观一本关于战争的书时，我们有什么理由不快活，不滋润？

放下完美，放低标准，原谅生活是一种积极有效的方式。原谅生活，不是可以淡漠所有的不公，不是为了超脱凡世的恩怨，而是要正视生活的全面，以缓解和慰藉深深的不幸。相信生活，才能原谅生活，如果你的桅杆折断，不论是你自己的错，还是生活的错，都不该再悲哀地守着荡舟的孤独。

不苛求完美，就是原谅生活，是为了更好地生活。桅杆折断，请重新支起新的桅杆！

学会与生活握手言和

生活中常有不公平的事情出现，你努力了，付出了，却没有得到回报的事情也不仅出现在你的身上。由于地球是圆的，总有一些人站在圆的切线点上比你早几分钟看到太阳。人生的事情，很难做到公平，有些人生下来或许就含着“金钥匙”，而有些人或许生下来身体就不完整，这些都是我们先天无法掌握的，只能接受。面对着这些所谓的不平，平庸之辈只会烦恼埋怨，而不以实际行动去改善，结果差距越来越大；智者则会坦然地接受它们，积极地用后天的努力去改变这种不平，赢得了自己的人生，也赢得了更多的敬佩。

生命和生活有时候并不如我们想象中美好，它们对于我们每一个人的待遇都有所偏心，有的人确实生于荣华，处于丰顺；有的人或许就没有那么多天生的优势。不过相信上帝在为你关上一扇窗的同时，肯定为你打开了另一扇窗。看淡这些不平，才能潜心去做正经的事情。我们的心和胸怀就那么大，如果装满了埋怨和愤愤不平，又怎么能有心思去探索自己的梦想呢?

生活的真谛是淡然。面对人生的不公，不可强求，安心做好自己的事情就够了。生活就是如此，它给了你什么，你是无法改变的，不如坦然地接受，利用它赋予你的东西去实现自己的人生价值。看淡生活的不平，便是懂得如何生活。懂得生活的人，不仅仅是成功的人，也是智慧的人。没有什么可以完全按着你的意愿去发展变化，有时候付出了，努力了反而没有回报的，这并不代表你白白付出了，相信它们肯定会以其他形式，在其他方面补偿你的。付出和回报有时候展现出的不平衡，只是暂时现象，需要从长远的角度来看。然而有的人偏偏不懂这一点，他们不把精力放在奋斗上，放在探索人生上，反而苦苦追寻着平衡，换来的也不过是失望、劳累、烦恼罢了。真正的愚蠢便是这样不懂生活，只会怨天尤人。

拥有一种充实的生活态度，我们就不会再把生活中的付出当作辛劳，相反，我们会忘记生活的艰辛，用旺盛的精力，充分的耐心和良好的状态去迎接每天的工作。有了这样的生活信念，抱定这样的生活态度，便不再觉得生活亏欠我们太多。

不必自寻烦恼，不完美才是美

有位老和尚为了选择理想的衣钵传人，琢磨出了一道奇妙至极的“考题”。一个夏季的清晨，老和尚对甲、乙两位徒弟说：“你们去挑一片自己觉得最满意的树叶回来给我吧。”甲、乙两人遵命下山了。没过多长时间，甲和尚就拿着一片称不上多么漂亮的树叶回来了。他将这片树叶递给老和尚，说：“这片树叶尽管算不上多么完美，但它是我见到的最漂亮的树叶。”乙和尚在树林中逛啊逛，等到日落西山了，也没寻觅到一片满意的树叶。于是，他只好空手而还。见到老和尚后，他说：“师父啊，我看到了很多很多的树叶，但无论怎么挑，也挑不出一片最完美的，所以我认为没有让我最满意的树叶。”

或许，在人的一生中，我们都会遇到类似的情景，一心只想尽善尽美，最终却弄得空手而归。“挑一片最完美的树叶”，人们做事之前总会抱着美好的初衷，但假如不切实际地一味寻寻觅觅，最终常常会吃尽苦头而毫无所获。为了寻觅到一片最完美的树叶，而让大量的机会从眼前白白消失，这实在是一件得不偿失的事情，聪明的人从来不会这样去做。

那么，话说回来，老和尚的那道考题的结果如何呢？不难想象，甲和尚成了衣钵的传人，因为在老和尚眼中，甲和尚更明白世上本无完美之事的道理。

完美的反义词便是缺憾。在人的一生当中，常常会发生一些自己竭心尽力去做却又难以做到的事情，这便是一种缺憾。每个人都会或多或少存在这种缺憾，但并非意味着有缺憾的人生就是一种耻辱。恰恰相反，正由于存在这种缺憾，才会使人生变得更加多姿多彩，缺憾也是一种美丽。我们要像接受美一样接受缺憾、接受不完美。能够心甘情愿地接受不完美，未尝不是一种幸福。

一块完整的木头经过锯削、加工，制作成了一把光滑的小提琴。后来，这把小提琴被一位生活贫苦的老提琴家购得。这位老提琴家每次用心地拿它演奏时，总能让听众们沉醉在曼妙的琴音里。当有人问到这把小提琴的优点时，老提琴家总会用双手温柔地抚摩着它，望着小提琴优美的线条，意味深长地说道："原来这块木头必然接受了大量太阳光的照射，而照射进去的东西通常都会反射回来。"

制作小提琴的那块木头就其本身来说，尽管是一种缺憾，但它却成就了另外的一种美；那位老提琴家尽管自己的生活并不算富裕，但却将悦耳动听的旋律呈献给他人。这怎能不让人发出一番感慨呢？

陈列在巴黎卢浮宫中的维纳斯雕像是世人公认的缺憾美的代表，令无数人倾倒，它的艺术价值跨越了国度，超越了时代。很多年以来，美术学家、雕刻家、考古学家曾费尽心思地为她的双臂设计过大量复原的方案与模型，却都以失败告终。这是为什么呢？因为那缺憾了的美丽臂膊，"出乎意料地彰显出一种不可思议的抽象的艺术效果""奏响了追求可能存在的无数双手的梦幻曲"。不能不说，缺憾也是一种美。

八分生活哲学：不必十全十美

苛求完美最终带给我们的是失望、沮丧、烦恼，而当我们放低标准，以包容的姿态看待世界和人生，接纳生活中的不完美时，我们就会活得舒坦、自在、安然。

不论是对人对事还是对生活对世界，我们都应当摒弃追求十全十美的人生态度，而应遵循“八分生活哲学”。所谓八分生活哲学，就是指无论生活还是工作，不再苛求全力投入，十分力气使上八分，不必每件事情都做到十全十美，适可而止就好。

1. 心态上

改变完美主义，什么事情并不一定都要做到十全十美才算满意，适可而止就好。一个人追求完美并没有什么错，但是心理学家们在过去几十年的研究中发现，过分追求完美的心态对人的身心伤害会很大。不要再给自己提出远大目标、高标准严要求地对待自己，因为他们在这种心理状态下提出的目标和要求，往往是不切实际的，所以很容易遭遇失败，打击和折磨的正是他们自己。

2. 工作上

八分工作并不是指工作不认真、不努力，而是告诉人们工作到八分的时候，就要休息一下。连续工作两小时以上，就要停下来休息一会儿，可以简单地锻炼一下手臂，使紧张的肌肉得到放松，或者闭上眼睛冥想两分钟，帮助大脑回到最佳状态。从而，再次投入到工作中去。此外，它还要求我们首先对所从事的工作抱有积极乐观的态度。其次，要有计划性。这样，才能更加得心应手地完成工作。

3．生活上

让自己住在一个离城市很远、离心灵很近的地方——郊区。城市中心车辆多、污染大、空气不新鲜、人多、绿化面积小、建筑密度大、活动空间小，再加上工作压力大，这会使得很多人都在不知不觉中处于亚健康状态。

4．感情上

当你爱一个人的时候，爱到八分绝对刚刚好，剩下两三分用来爱自己。一方面，如果你还继续爱得更多，很可能会给对方沉重的压力，让彼此喘不过气来。另一方面，太爱一个人，会被他牵着鼻子走，如被魔杖点中，完完全全不能自已。从此，没有了自己的思想，没有了自己的喜怒哀乐，进而忘记了理性的存在。放轻松一点儿，给对方一点儿空间，也给自己一点儿空间，永远不要忘记独立人格的宝贵。

5．饮食上

饮食上讲究八分是指烹饪八分熟就好，烹调时用八分油、八分盐，吃到八分饱。因为如果这些都达到十分的时候，那就有可能会起到不好的作用。比如盐要是摄取太多，就会加重肾脏的负担。如果吃得太饱，就会加重肠胃的负担。八分饮食不在于食材的昂贵稀有，而是注重食材的搭配和谐、餐具的简洁干净、背景音乐的悦耳以及人们用餐时的心境。

以上便是“八分生活哲学”的要点。历史上的大家曾国藩曾经有一句著名的家训“花未全开月未圆”，正是“八分生活学”的最佳写照。不过满、不极端、不偏执，主张以十分的努力收获八分的希望，以宽松的心境度过每一天，以适度的方式应对世事，带来人生的平衡和良性循环。

爱不完美，平淡最美

有时我们爱上一个人，总是把对方想象得十全十美，没有任何缺点，看对方什么都觉得满意。在爱情上不要去指望对方是完美的，因为这样的人是不存在的。苛求对方完美，是给我们的生活带来烦恼、造成婚姻不和谐的因素之一。

林语堂曾说：婚姻是叫两个不同的人去过同一种生活。他是在劝诫人们对婚姻不要抱不切实际的幻想，而要考虑到它的种种不如意之处，免得日后心理落差太大。

两个人由相识、相知，到相恋、相爱，最终携手走向爱情的归宿——婚姻的殿堂，心中无不怀着甜蜜的憧憬、美好的期待。他们在想象之中勾画着未来的生活，哪怕最隐秘的细节、最不易窥测的角落，都被描绘得婀娜多姿、美妙绝伦，连最平凡琐细的生活，也被完全彻底地美化了。他们陶醉在两个人的世界里，仿佛彼此是对方的上帝。而爱情，成了他们面对生活、主宰命运的唯一钥匙。在过来人眼中，他们是两个甜蜜的傻瓜，因为此时他们还不完全理解婚姻是什么、生活意味着什么。

然而时间的巨手可以钝化感觉、磨平记忆、改变一切。原本使人心旌摇荡的，如今却叫人无动于衷；原本让人铭心刻骨的，现在却使人麻木不仁。连那最让人难以忘怀的一个个美妙瞬间，都变得模糊、淡漠了。是的，时间改变了世界，时间也改变了我们的感觉。

不是因为才华横溢才嫁给他么，怎么越看越觉得这个人除了才华一无所有？不是因为风度翩翩才倾心于他么，怎么越看越感到这人浑身上下都是虚头巴脑？不是因为气质超群、身材出众才非她不娶么？怎么婚后不到一年便觉得这个人形容猥琐、俗不可耐？不是因为心地善良、不慕钱财才对她感念不已，以为今生终于找到了理想中的爱人么，怎么孩子刚一出生这个人就变得斤斤计较？

原本心仪的人儿，如今似乎都走向了反面：性情稳重成了老气横秋，性格活泼成了疯疯癫癫，风流倜傥成了拈花惹草，热爱艺术成了老不正经，连身体健壮也成了笨手笨脚，身材苗条也成了不够性感，大眼睛是大而无当，小眼睛是鬼鬼祟祟，有业余爱好说你不务正业，没有业余爱好说你缺乏情趣，下班早回家说你不像个男人，下班不回家说你不顾老婆孩子，挣不到钱说你是笨蛋，挣太多钱说你肯定不是好东西，管孩子说你婆婆妈妈，不管孩子说你没有家庭责任感，提拔了说你是马屁精，没提拔说你白混了十几年，朋友多了说你狐朋狗友整天不着家，朋友少了说你孤家寡人像个丧门星，对长辈孝敬了说你永远像个三孙子，对长辈不孝顺又说你没良心，看见女人不回头说你假正经，见着女人总回头说你不正经……生活就是这样，每天都在发生有形无形的战争。

很多时下的新潮男女都难以忍受此中的磨难，郁闷烦恼之余，叹息一声：“怎么会是这样？”便互道“拜拜”，从此天各一方，独自潇洒去了。趁着年轻还有资本，他们拼命地消费自己，待到人老珠黄，也就心平气和，认可“生活的平庸”了。比之前辈，他们不乏洒脱快乐，但在频繁的探索与转换之间，他们却很难深入体会生活的艰辛与美好。与他们一同笑过的人，他们很快忘记；与他们一同哭过的人，他们也很难长久地记得。只是到了人生的暮年蓦然回首，他们才似有所悟，但很难说一句无悔今生、笑对所爱。

其实我们要知道，爱一个人，便意味着全身心地、无条件地接受他的一切，包括他坚强掩盖下的脆弱、诚实背后的虚伪、才华表象下的平庸和勤劳反面的懒惰，甚至要忍受婚前不曾发现的种种生活恶习。诚实、善良、美丽、贤惠的是你的妻子；虚伪、做作，小器、庸俗的也是你的妻子。在外夸夸其谈、不可一世的是你的丈夫，在家打老婆、骂孩子，言语粗鄙、行为粗俗的也是你的丈夫。人前油头粉面、西装革履的是你丈夫，人后掏鼻子、抠脚丫子、从不洗袜子的也是你的丈夫。否定了爱人丑陋的一面，也就否定了他的全部；否定了他的全部，也就否定了你自己的生活。因此，我们要学会爱一个人的不完美，要知道生活就是这样，金无足赤，人无完人。

爱一个“完美”的人并不难，爱一个“有缺欠”的人却很难，长久地爱一个这样的人尤其难。但唯其如此，人的感情才显得深沉厚重、感天动地。再者说来，我们谁敢大言不惭地说自己是“完美”的人呢？既然自己并不完美，凭什么以完美要求自己的爱人呢？因此无论婚姻还是爱情，其实平平淡淡才是真，是无数不和谐的小细节成就了一对对幸福的平淡的爱人。

简单是智慧的活法

在这个纷繁复杂的社会中，我们感到实在活得太累了。一道道人生难题，摆在我们的面前，需要我们去破译、去求证、去解答、去挣扎。一个人的智慧和力量毕竟是有限的，面对一张张生活的大网和一团乱麻的人生，我们往往显得力不从心，甚至有一种贫血的感觉。

其实，人生本来有很多种选择，也有很多种活法，但我们往往过于追求完美，把原本很简单的事情搞得复杂化，因而常常被弄得很苦很累很烦恼。譬如说，同是生命的个体，本是相互平等，却非要仰人鼻息，察人脸色，揣人心事，日子过得诚惶诚恐、没滋没味；本来是很容易处理的一件事，却总是谨慎有余，小心翼翼，生怕因此触动了那张敏感的关系网。一次又一次，面临人生途中的一些选择，我们本不需要动太多脑筋，却非得瞻前顾后，左顾右盼一番不可，结果丧失了最佳时机，到头来后悔不迭……

人的社会性，决定了每个个体生命都要经历一定的人和事，这就要求我们必须有正常的心态和驾驭生活的能力。其实，这个世界并不复杂，复杂的是人本身，只要我们想得简单一些，生活的天空便一片明媚。

对待得失，我们不妨简单一些。生活对每个人都是公平的，有得就有失，有失就有得，塞翁失马，焉知非福，得与失是可以相互转化的。只要拥有一颗平常心，去善待生活中的不平事，与世无争，知足常乐，少一份嫉妒，多留一些时间和精力做自己喜欢的事，命运的光环自然会降临在你的头上。即使命不由人，也不必斤斤计较，你走你的阳关道，我过我的独木桥，你有你的活法，我有我的活法，眼睛里何必揉进一颗难受的沙子。抛去名利，放开权欲，用简单的心走过自己轻松而快乐的人生。若干年后，当我们回味起来，就不会感到寂寞，不会牢骚满腹，怨天尤人。

在是非面前，我们也不妨简单一些。社会是一盘杂菜，什么货色都有，人上一百，形形色色，个中是非众人自有公论，道德自有评价。对此，我们不必去理会谁在背后说人，谁在人前被人说；也不必理会谁投来的一抹轻蔑，谁射过来的一瞥白眼。对那些微妙的人际关系，不妨视而不见，充耳不闻，排除一切有形或者无形的干扰，不必计较自己是吃了亏还是占了便宜。只要拥有一颗正直的心，忧国之所忧，想己之所想，不损国家，不谋私利，把家与国统一起来，我们心中的阴霾就会一扫而空，心境也会因此变得日益明朗和愉快起来。

此外，在待人处世方面，我们不妨简单一些。我们总是生活在一定的社会环境中，每天都要和各种各样的人打交道。对家人，对同事，对邻居，对朋友，其交往的程度还是平淡一点好。君子之交淡如水，何必纠缠于那些不胜其烦的繁文缛节之上。只有脱去一切伪装，善于真诚待人，相互宽容，相互帮助，心灵不设防，不要两重人格，有快乐共同分享，有困难共同分担，人与人之间就会架起一座理解与信任的桥梁，人间的真情就会开出绚丽的花朵。

生活是丰富多彩的，如晴空，如白云，如彩虹，如霞光，只要我们以简单之心去面对复杂的世界，生活的琼浆便汩汩而出，会酿造出最甜最美的生活之汁。

活得简单些，这就是人生的最深内涵。

第九章

做自己就好，你无须讨世界的欢心

我们总是习惯别人的评价？总是在意他人的脸色？总是想得到他人的承认？我们过分关心外界的因素，处处表现得小心翼翼，以至于迷失了自己、否定了自己，在烦恼自责的泥潭中越陷越深，无力自拔。

每个人的生活面貌都是由自己塑造而成的，如果我们能学会接受自己，看清自己的长处，明白自己的短处，便能踏稳脚步，达到目标。这样就不至于浪费许多时间与精力，控制苦恼。发现自我，秉持本色，体验着自己的成功与幸福。

你还在为自卑烦恼吗

你是否常常感到自卑呢？总觉得自己这不好那不好，事事都不如别人？

如果你还在为自卑而烦恼自责，那么请先看看下面两人的经历。

他，从一个人口仅有20多万的北方小城考进了北京的一所大学。

他一个学期都不敢和同班的女同学说话。

因为上学的第一天，与他邻桌的女同学问他的第一句话就是：你从哪里来？而这个问题正是他最忌讳的，因为他认为，出生于小城，就意味着小家子气，没见过世面，肯定会被那些来自大城市的同学瞧不起。第一个学期结束的时候，有很多同班的女同学都不认识他！

很长一段时间，自卑的阴影都占据着他的心灵，最明显的体现就是每次照相，他都要下意识地戴上一个大墨镜，以掩饰自己的内心。

她，也在北京的一所大学里上学。

她不敢穿裙子，不敢上体育课。她疑心同学们会在暗地里嘲笑她，嫌她肥胖的样子太难看。大部分日子，她都在疑心、自卑中度过。

大学生活结束的时候，她差点儿毕不了业，不是因为功课太差，而是因为她不敢参加体育长跑测试！老师说：“只要你跑了，不管多慢，都算你及格。”可她就是不跑，她想跟老师解释，她不是在抗拒，而是因为恐慌，恐惧自己肥胖的身体跑起步来一定非常愚笨，一定会遭到同学们的嘲笑。可是，她连向老师解释的勇气也没有，只是茫然不知所措。她只能傻乎乎地跟着老师走，老师回家做饭去了，她也跟着。最后老师烦了，勉强算她及格。

后来，在播出的某个电视晚会上，她对他说：“要是那时候我们是同学，可能是永远不会说话的两个人。你会认为，人家是北京城里的姑娘，怎么会瞧得起我呢？而我则会想，人家长得那么帅，怎么会瞧得上我呢？”

他，现在是中央电视台的著名节目主持人，经常对着全国几亿电视观众侃侃而谈。他主持节目给人印象最深的特点，就是从容自信。

他的名字叫白岩松。

她，现在也是中央电视台的著名节目主持人，而且是完全依靠才气，丝毫没有凭借外貌走上中央电视台主持人岗位。

她的名字叫张越。

自卑让他们饱受折磨，而克服自卑后的形象却得到了世人的认可与尊重。这之中的反差是何等巨大。

自卑是一种消极的自我评价或自我意识，即个体认为自己某些方面不如他人所产生的消极情绪。自卑感就是个体对自己的能力、品质评价偏低的一种消极的自我意识。具有自卑感的人总认为自己事事不如人，自惭形秽，丧失信心，进而悲观失望，不思进取。一个人若被自卑感控制，其精神生活将会受到严重的束缚，聪明才智和创造力也会因此受到影响，无法正常发挥作用。

自卑是一种性格上的缺陷，是因为过多地自我否定而产生的自惭形秽的情绪体验。其核心内容就是认为自己不如别人，无法赶上别人。自卑，人人都有，只不过存在着轻重的差别。形成自卑的原因很多，但它们都是通过自卑者本人的消极自我暗示产生的。

那么，如何克服自卑呢？

首先，正确认识自己。通过客观地分析自己，公正地评价自己，可以恰如其分地发现自己的不是，不夸大，不绝对化，有利于恢复自己的信心。还可以发现自己真正的长处，制定适合自己的目标，减少失败的发生，从而增强自己的信心。

其次，正确对待成败。一个人不可能永远成功，也不可能永远失败。所以，不必为暂时的失败而灰心丧气，以免加重自卑，形成恶性循环，更不必为一时的成功而过分沾沾自喜，产生优越感。优越感是自卑的另一表现形式，越是自卑的人越想体验优越的快感，二者相互加强，容易造成心理障碍。自卑并非真正存在，大多是自卑者自己虚构的，明白了这一点，克服它也就不难了。

无须为自己的缺陷而烦恼

西奥多·罗斯福是美国第26任总统。他在8岁的时候，生着一副非常“对不起观众”的面孔，还有着一副暴露在外的不整齐的牙齿。那种畏首畏尾的表情，每个人看到后都会觉得很搞笑。当他在教室里被老师喊起来背诵课文时，他更显得紧张不安，他的呼吸急促得好像氧气不足，双腿站在那里瑟瑟发抖，嘴唇和牙齿也抖动得像要脱落下来。他背诵出的语句含糊不清，几乎没有人听得懂；背诵完毕后，他就沮丧地坐下去，像极了身经百战、疲惫不堪的士兵，瞬间获得了休息时间一样。

或许，你由此判断他必然非常内向、神经过敏、文静怕动、不善交际、时常自怨自艾。假如你如此推断，那么你错了！他并没有因为有了种种缺陷便气馁，这反而激发了他的奋斗精神，这种奋斗绝非人人都能做到。他经过长时间的坚持与学习，终于将那时常被人嘲笑的气喘改成一种沙声，他咬紧牙关克服了齿唇的抖动和内心的紧张。

面对身体上的缺陷，罗斯福没有怨天尤人，而是不甘放弃，积极进取，用自己的坚持、执著和乐观战胜了身体上的缺陷。从这种角度上说，缺陷造就了罗斯福一生的奋斗精神，这无疑是他经营一生伟业最可贵的资本。

虽然我们不能选择自身的生理条件，却可以选择自身的精神动力。生理的缺陷并不是最可怕的，可怕的是心理的缺陷，可怕的是自暴自弃。一个人身体上的缺陷，并不会影响他成为一个积极向上的人，一个成功的人。但如果一个人心理存在着缺陷，那将是他人生最大的不幸，因为他已经失去了积极生活的精神动力。

里维是一名美国籍小男孩。10岁那年，他不幸在一次交通事故中失去了左臂，不过他很想学柔道。最终，他找到一位日本柔道大师，拜在他的门下，开始练习柔道。3个月的时间里，他的师傅只教了他一招，里维对师傅的教导方式有些费解。

过了几个月，师傅初次带里维参加比赛。出乎里维意料的是，他竟然轻而易举地赢了前两轮，第三轮稍稍有些艰难，对手不一会儿就变得有些急躁，连连进攻，里维敏捷地施展出自己的那一招，又获胜了。就这样，里维稀里糊涂地闯入了决赛。

决赛的对手比里维高大、强壮得不是一点半点儿，而且比里维看起来更有经验。有一段时间，里维显得有些招架不住，裁判担心里维会受伤便喊了暂停，打算就此停止比赛。但里维的师傅坚持说："让比赛继续下去吧。"比赛重新开始，对手放松了戒备，里维马上使出自己的那一招，一下子就将对方制伏了，最终里维成功夺冠。

回家途中，里维和师傅一起回想每场比赛的细节。里维鼓起勇气道出心里的疑问："师傅，我怎么仅仅用一招就能摘得桂冠呢？"

师傅回答说：“有两个原因：第一，你基本上将柔道中最难的一招完全掌握了；第二，据我所知，对付这一招的唯一方法，是对手将你的左臂牢牢抓住。”

在这个世界上，没有任何一个人是完美无缺的，我们无须因为自己有缺陷而痛不欲生。失去左臂的小男孩，从表面上看，他的缺陷似乎是其通往成功的障碍，然而在这则故事中，他却成了当之无愧的成功者！他的劣势和缺陷转变成了优势。

因此，如果我们存在某种缺陷，不必为此感到难堪烦恼，更不要轻易气馁，甚至自暴自弃，而要努力奋斗。这种奋斗当然会很艰难，但是只有敢于拼搏奋斗的人，才能称为强者。要知道，一个人在放弃努力的那一刻，等于在向世界宣告：“我是个彻底的失败者。”一个人只有坦然地面对自己的缺陷，充分展示真实、生动的自己，才有可能迎来成功而快乐的人生。

烦什么，你是独一无二的

从呱呱坠地开始，父母就非常非常希望我们能成才，成为令父母自豪、社会骄傲的栋梁之才。这也是每一个人自己的愿望。伴随着这个美好的心愿长大，当我们学会了审视自己的时候，我们首先发现的或许并不是自己的才能，而是自己的平凡、普通，甚至还有缺点、缺陷，也因此而烦恼自责。我这样一个平凡的人，能成才吗？我行吗？我们或许这样问过自己。

蜚声世界影坛的意大利著名电影明星索菲亚·罗兰能够成为令世人瞩目的超级影星，是和她的坚持自我本色分不开的。在《卡桑德拉大桥》《昨天、今天和明天》等影片中，索菲亚·罗兰以其独特的魅力给观众留下了深刻鲜明的印象。她的长鼻子、大眼睛、大嘴、丰满的胸部和臀部都使她多了一分不可抗拒的美。可是，你知道吗？在索菲亚·罗兰初试镜头的时候，差点儿因为她的长鼻子和丰腴的臀部而没能走上影坛。摄影师们都嫌她的鼻子太长、臀部太发达，建议她动手术缩短鼻子、削减臀部，可是索菲亚·罗兰坚决不同意。

小时候的索菲亚·罗兰发育很晚，长得干干巴巴的，胸部一点儿也没有隆起的意思，看着周围的女孩子们为自己的身材而得意的神态，她自卑极了。可是又有什么办法呢？罗兰是个私生女，母亲带着她艰难地度日，再加上当时正赶上第二次世界大战，能吃饱就不错了，哪里还顾得上营养呢？带着自卑的情绪，罗兰长到了十五岁。这时候，她已经用不着再为自己的干瘪而忧心忡忡了，因为她已经长成大姑娘了，而且胸部丰满，臀部发达。

为了生存，加上对电影的热爱，罗兰来到了罗马，想在这里涉足电影界。没想到，对未来怀着希望和憧憬的她，却连连碰壁。第一次试镜头，罗兰就失败了，所有的摄影师都说她够不上美人标准，都抱怨她的鼻子和臀部。没办法，导演卡洛·庞蒂只好把她叫到办公室，建议她把臀部削减一点儿，把鼻子缩短一点儿。索菲亚·罗兰在她的自传中详细地记叙了当时的情景：

有一天，他（指导演卡洛）叫我上他的办公室去。我们刚刚进行了第三次或第四次试镜头，我记不清了。他以试探性的口吻对我说："我刚才同摄影师开了个会，他们说的结果全一样，噢，那是关于你的鼻子的。"

"我的鼻子怎么啦？"尽管我知道将发生什么事，但我还是问道。

"嗯，咳，如果你要在电影界做一番事业，你也许该考虑作一些变动。"

"你的意思是要动动我的鼻子？"

"对。还有，也许你得把臀部削减一点。你看，我只是提出所有摄影师们的意见。这鼻子不会有多大问题，只要缩短一点，摄影师就能够拍它了，你明白吗？"

我当然懂得因为我的外型跟已经成名的那些女演员颇有不同，她们都相貌出众，五官端正，而我却不是这样。我的脸毛病太多，但这些毛病加在一起反而会更有魅力呢。如果我的鼻子上有一个肿块，我会毫不犹豫地把它除掉。但是，说我的鼻子太长，不，那是毫无道理的，因为我知道，鼻子是脸的主要部分，它使脸具有特点。我喜欢我的鼻子和脸的本来的样子。“说实在的，”我对卡洛说：“我的脸确实与众不同，但是我为什么要长得跟别人一样呢？”“我懂，”卡洛说，“我也希望保持你的本来面目，但是那些摄影师……”

“我要保持我的本色，我什么也不愿改变。”

“好吧，我们再看看。”卡洛说，他表示抱歉，不该提出这个问题。

“至于我的臀部。”我说。“无可否认，我的臀部确实有点过于发达，但那是我的一部分，是我之所以成为我的一部分，那是我的特色。我愿意保持我的本来面目。”

正是这次谈话，使导演卡洛·庞蒂真正地认识了索菲亚·罗兰，了解了她并且欣赏她。后来，卡洛·庞蒂成了罗兰的丈夫。由于罗兰没有对摄影师们的话言听计从，没有对自己失去信心，所以她才得以在电影中充分展示她的与众不同的美。而且，她的独特外貌和热情、开朗、奔放的气质开始得到人们的承认。自1950年至1979年，她先后在75部影片中扮演角色，被人们称为“从贫民窟飞出来的天鹅”。1961年，她主演的《两妇人》获得巨大成功，她因此荣获奥斯卡最佳女演员金像奖。

不要烦恼，不要自责，大自然既然造就了每一个人，就赋予了每个人独特的、不同于别人的容貌、身材、气质、聪慧。也正因如此，你才是独一无二的，世界上只有一个你。所以你要活出自我的风采，因为你永远都是别人无法替代的。

自信，让你神采飞扬

普通的人都有一个通病，那就是假如他在某一方面缺少特殊的才能，他就不再想努力，以为努力也是枉然。但是还有许多人，在最初的时候其实与常人无异，也没有特殊的才能，但终于成功了。这是由于他们的自信力要高过一般人，并能以自信力作支柱去努力奋斗，终获成功。一个人不去实地试验，就永远不会知道自己的身体里究竟有多少才能与力量。

与势力、资本以及亲戚朋友的扶持相比，自信力更为重要，它对人的成功存在不可思议的力量。自信力能使人们克服困难、成就事业、完成发明。

每一个人都能实现自立自助的独立生活，但是在实际生活中，只有少数人可以实现真正的自立自助。当然，依赖他人，追随他人，让人家去思想、去策划、去工作，这自然要比我们自己去思想、去策划、去工作要容易得多，也惬意得多。

因此，一个人一旦有了依赖的观念，以为各样有人供给，他就会丧失勤勉努力的精神。

有的人想要给予他们的子女以相当的依靠，使其在世上不至奋斗得太艰苦，这种做法实际是在不知不觉中给孩子以祸患。给孩子所开辟的出路，也许就是给予他们的挫折。青年人应有自立自助的能力，可惜大多数青年人，都易养成依赖成性的习惯，如果有了拐杖他们就不想自己走路；如果有了依赖他们就不再想独立了。可以充分发展我们的精力与体力的不是外援，而是自助；不是依赖，乃是自立。

世界上只有摆脱了依赖，抛弃了拐杖，具有自信，可以自主的人，才能获得成功。自立自助是进入成功之门的钥匙，是获得胜利的象征。

在风平浪静时，显不出驾驶航船的船长是否训练有素、是否富有经验。可以看出船长的真实本领是在狂风暴雨、波涛汹涌、船将颠覆、人人惊恐的时刻。同样，也是在失败后的挣扎、奋斗时，才能显出一个人的机智。

当人自立自助时，就开始走上了成功的坦途。抛弃依赖之日，就是发展自己潜在力量之时。外界的扶助，有时或许是一种幸福，但更多的时候情况恰恰相反。供给你金钱的人，其实并不是你最好的朋友；只有鼓励你自立自助的人，才是你真正的好友。

一个身体健全的人假如依赖他人，就会感到自己不是一个完整的人。一个人有了职业、自立自助的时候，他才能感到自由自在、无比幸福。

许多人之所以在社会上无所作为，是由于他们贪图省事，或是缺乏自信，不敢照着自己的意志去做。东去询问，西去探访，事事要经得他人的同意认可，才敢决定，这样缺乏自立自助精神，怎会有所作为呢？

一个人不敢表现自身的能力，表达自己的意见，实为人生的奇耻大辱。照着自己的意念，增强自己的信心，努力去做，必然能获得美满的结果。

世界上只有摆脱了依赖，抛弃了拐杖，具有自信，可以自主的人，才能获得成功。自立自助是进入成功之门的钥匙，是获得胜利的象征。只有那些有责任心、肯负责任的人，只有那些言必信，行必果的人，才能成就大事业。要承担得起对事业的责任，首先必须要有坚强的自信力，要始终自信做任何事情都能成功——绝对可以成功!

对自己说“OK”

对自己说“OK”，是一种积极的心态，是对自我的肯定。培养自己这种习惯：保持最好的自我，成为你最想成为的“那个你”。

对自己说“OK”，可从以下几方面进行。

1．排除毁灭性的词语

有些人总喜欢说，我“只不过是个小秘书。”“仅仅是个小店员。”我们就是用这些“只不过”“仅仅”来贬低自己的职业，进一步说，就是贬低我们自己。

对于我们来说，罪魁祸首就是“只不过”和“仅仅”。如果把这些词去掉，就是“我是一个店员”和“我是一个秘书”，这些话就毫无损坏意义了。两个陈述都向随后而来的积极一面打开了大门，就是说“我正走在成功的路上。”

2．停止消极思想

当消极信息一开始，就用“停止”这个词阻止它进行。

“我该怎么办？如果……”你一定要放弃这样的想法。

为了有效地“停止”，你必须顽强而执著。当你下命令的时候，要提高嗓门。设想自己压倒内心中的恐惧声音。

小张是个二十多岁工作勤奋的单身汉，在一家公司任经理。他很小的时候母亲就死去了，爸爸哺养他长大。他们生活得很好，然而他父亲有时过于谨小慎微，致使小张的头脑充满了焦虑的念头。不知不觉地，他的内心世界受到了他父亲的影响，变成了一个满腹疑虑的人。尽管为公司的一个女人所吸引，可他从来不敢向她提出约会。他的多疑使他在这件事上无所进展："和一个同事约会好不好？"或者"如果她说不去，那多么难堪呀。"

后来当小张停止了他内心的声音，约这个女人出来的时候，她却说，"小张，为什么你不早点儿向我约会？"

3．扭转思维方向

你还记得自己一天无精打采的时候，忽然有人说："我们出去玩会儿好吗？"你是怎么一下子精神振作起来的呢？你改变了思维的方向，心情一下子开朗起来。

现在就扭转方向。你很紧张因为到星期五之前必须完成一项庞大的计划。星期六你计划同朋友去采购。这时你就需要把感觉从负担沉重的星期五调整到快乐怡人的星期六了。

通过调整自己的思维，你可以发现另一个自己及周围的另一个世界。如果你认为自己可以做什么事情，就要争取做这件事情的机会。

4．保持我最好的感觉

培养自己这种习惯：保持最好的自我，成为你最想成为的"那个你"。尤其要记住自己受人赞美的地方。那就是真实的你，使之成为指导你一生的参照物——最好的自我形象。

你会发现重新调整感觉的做法将会像磁石一样吸引你。当你设想使自己达到了目标时，你会感觉到这块磁石的力量。

不必烦，活着不是给别人看的

有时我们太在意别人的看法，太在意别人的脸色，别人的一言一行都成了我们行事处世的标准，这让我们活得很累、很烦恼。活着应该是为充实自己，而不是为了迎合别人的意旨。每个人都应该坚持走为自己开辟的道路，不受他人的观点牵制。

从前，有一个士兵当上了军官，心里甚是欢喜。每当行军时，他总是喜欢走在队伍的后面。

一次在行军过程中，他的敌人取笑他说："你们看，他哪儿像一个军官，倒像一个放牧的。"军官听后，便走在了队伍的中间，他的敌人又讥讽他说："你们看，他哪儿像个军官，简直是一个十足的胆小鬼，躲到队伍中间去了。"

军官听后，又走到了队伍的最前面，他的敌人又挖苦说："你们瞧，他带兵打仗还没打过一个胜仗，就高傲地走在队伍的最前边，真不害臊！"军官听后，心想：如果什么事都得听别人的话，自己连走路都不会了。从那以后，他想怎么走就怎么走了。

人要是没了自己的主见，经不起别人的议论，那么就会一事无成，最后都不知该怎么办。我们若想活得不累，活得痛快、潇洒，只有一个切实可行的办法，就是主宰自己，不再相信“人言可畏”。

我们每个人绝无可能孤立地生活在这个世界上，几乎所有的知识和信息都要来自别人的教育和环境的影响，但你怎样接受、理解和加工、组合，是属于你个人的事情，这一切都要独立自主地去看待，去选择。谁是最高仲裁者？不是别人，而是你自己！歌德说：“每个人都应该坚持走为自己开辟的道路，不被流言吓倒，不受他人的观点牵制。”让人人都对自己满意，这是不切实际、应当放弃的期望。

我们周围的世界是错综复杂的，我们所面对的人和事总是多方面、多角度、多层次的。我们每个人都生活在自己所感知的经验现实中，别人对你的反映大多有一定的原因和道理，但不可能完全反映你的本来面目和完整形象。别人对你的反映或许是多棱镜，甚至有可能是让你扭曲变形的哈哈镜，你怎么能期望让人人都满意呢？

如果你期望人人都对你看着顺眼，感到满意，你必然会要求自己面面俱到。不论你怎么认真努力，去尽量适应他人，能做得完美无缺，让人人都满意吗？显然不可能！这种不切合实际的期望，只会让你背上一个沉重的包袱，顾虑重重，烦恼不断，活得太累。

一位画家想画出一幅人人见了都喜欢的画。画毕，他拿到市场去展出。画旁放一支笔，并附上说明：每一位观赏者，如果认为此画有欠佳之笔，均可在画中着上记号。晚上，画家取回画，发现整个画面都涂满了记号——没有一笔一画不被指责。画家十分不快，对这次尝试深感失望，他决定换一种方法去试试。画家又摹了一张同样的画拿到市场上展出。可这次，他要求观赏者将其最为欣赏的妙笔标上记号。当画家再取回画时，画面又被涂遍了记号，一切曾被指责的笔划，如今却都换上了赞美的标记。

光在乎别人随意的评价，自己不努力自强，人生会苦海无边。别人公正的看法，应当作为我们的参考，以利修身养性；别人不公正的看法，不要把它放在心上，以免影响今天生活的心情。

每个人都有每个人的想法，每个人都有每个人的看法，不可能强求统一。讨好每个人是愚蠢的，也是没有必要的。与其把精力花在一味地去献媚别人，无时无刻地去顺从别人，还不如把主要精力放在踏踏实实做人上，兢兢业业做事，刻苦学习。改变别人的看法总是艰难的，改变自己总是容易的。

按自己的“尺度”生活

生活在这个世上的人，无论是谁，都能强烈感受到“社会常识”的存在。

因为大家都遵循常识，所以社会才会井然有序。如果每个人都按自己的喜好出牌，不按常识办事，社会就会陷入混乱之中。

我们应遵守常识，毫无疑问，这是我们生活的一大原则，但很多人因过分拘泥于常识而失去了自我。束缚于常识、无法随意思考、无法随意行动、内心受拘束……你可曾意识到，常识已成为束缚自己的手铐和脚镣？

为了既不束缚于常识，又不误入歧途，我们必须拥有自己的“尺度”。所谓“尺度”，即在遵守常识的前提下，独自做出不拘泥于常识之判断的指南，用自己的方式解释万事万物。

那么，要想拥有自己的“尺度”，应该怎么做呢？其实，除了自己在实践中积累经验外，别无他法。

现代社会是一个信息社会，无论我们想获取多少“知识”，都可以轻松得到。如果我们在网上检索“不束缚于常识的生活方式”，陈述各种观点的网页就会成排地出现在我们的视野中。至于是否读完之后就能马上不束缚于常识、不拘泥于常识，那又是另一回事。不论你的大脑装了多少知识，当你遭遇考验你是否拘泥于常识的场面时，你都会手足无措。

通过在实践中积累经验，切身感悟这些经验，我们就能形成属于自己的正确判断。判断形成后，行动自然会同步跟进。仅仅凭借知识，“尺度”并不能形成。

通过在实践中积累经验，形成属于自己的“尺度”。随着精度的不断提高，行动也变得越来越自由。

《论语》中，有这么一节内容：“七十而从心所欲，不逾矩。”

所谓“从心所欲”，即按照自己的意愿思考和行动。所谓“不逾矩”，即不偏离正道。

这句话的意思是说，不考虑是否拘泥于常识，按照自己的所思所想自由地生活，且完全遵守人间真理、生存真理。所谓有“尺度”地生活，便是这种状态。

请从心底重视实践和经验，一定要拥有属于自己的“尺度”！

不断地磨炼“尺度”，即使速度缓慢也没关系。如此一来，你就能收获自信，从因“与他人比较”而产生的不安、烦恼和担心中解放出来，让心变得无比自由。

坚守本色，决不盲从

有一则故事说：元代大学者许衡一日外出，因为天气炎热，口渴难耐。正好路边有一棵梨树，行人们纷纷去摘梨解渴，只有许衡一个人不为所动。这时候有人就问他："为什么你不摘梨呢？"许衡就说了："不是自己的梨，怎么可以随便乱摘呢？"那人就笑他迂腐："世道这么乱，管它是谁的梨。"许衡说："梨虽无主，我心有主。"

看罢这则故事，我就想到了中学老师，他教育我们做人首要的一条就是：做人千万不能没有自己的主见。时至今日，老师的教诲言犹在耳。

一个人生活在这个世界上，随时随地都会面临选择。做人如果要想做到不人云亦云、随波逐流，不跟在别人的屁股后面走，就必须有自己的主见。许衡的做法乍看迂腐，实则是一种非常难得的做人准则。人生有许多机会，也面临着许多诱惑，面对诱惑不动心，身不被物役，心不被金迷，看起来容易做起来难，并不是随随便便就可以做到的。这是一种难得的定力，没有一定的精神支柱，没有一种良好的心态，没有高超的做人修养，是很难坚持的。

在这个世界上每个人都是独一无二的，你就是你，你无须按照别人的眼光和标准来评判甚至约束自己，你无须总是效仿别人，保持自我的本色，做一个真正的自我，这是最重要的。

我们每个人的生活面貌都是由自己塑造而成的，如果我们能学会接受自己，看清自己的长处，明白自己的短处，便能踏稳脚步，达到目标。这样就不至于浪费许多的时间与精力，控制苦恼。发现自我，秉持本色，这是一个人平安快乐的要诀。

不能保持自己的本来面目，这一问题自古皆然。美国的詹姆士·基尔奇博士认为："这是人性丛林中的一种普遍现象。"这也是造成许多精神衰弱症、精神异常或精神错乱的根源。曾对儿童教育问题写过十多本书和上千篇报道的安格罗·派屈说道："当理想中的自我与现实的自我不相一致时，那就是一种不幸。"

戴尔·卡耐基就这一问题请教过保罗·波恩顿——一家石油公司的人事主管，他曾对6万多个求职者进行过面试，并且写过一本《求职六决》。他认为："求职者通常犯下的最大错误，就是不能秉持本色。他们总是揣测对方期望得到什么样的答案，而不是直截了当地讲出自己的想法。"但这就错了，谁会要一个货不真、价不实的用品呢？

培养一种健全的心态，它将带给你平安、快乐与自由。如果你想让自己平安快乐，请记住：保持自我本色，不要盲目效仿。

世界与你无关，你只须做你自己

我们面对的世界太复杂了，我们的生活又是如此被周遭的文化牵着走。

我们放眼观望四周，人人被社会和文化裹胁着忙这忙那。我们去追名求利，我们去赶风潮逐浪头，追名星赶消费求时髦，没完没了，以为这就是我们的生活，这就是我们的世界，孰不知这是在茫茫人潮茫茫社会中迷失了自我。我们求来求去仿佛总是竹篮打水一场空——以我们每个人之能力而言，我们获得总是有限的一个定量，以有限追无限，岂不殆矣！

许多人都觉得自己的生活实在是太空虚了，生命一片空白，活着犹如行尸走肉，过去留不下什么，现在也没什么意思，未来似乎也看不出会有什么改变。这主要是因为你没有找到自我在这个世界上的位置，寻觅到自我生活上的意义与价值。人生中的事件如清水一般流过，不知其中的意义也就无法在我们的心田里划下哪怕是轻轻的一丝痕迹，于是，生活过着却像没过似的，故而我们的心灵一片空白。改变的方式和办法很多，最最重要的还是你要活得像个你，你要成为自己生活的主人，确定意义并想办法获得它们，这就是你的人生中最需要做的事。

生活中有许多人也许觉得自己的人生很是充实，有做不完的事，求不完的人，赚不完的钱，买卖不完的东西，成天忙这忙那，似乎连喘息的机会都没有。这难道不就是生活的盈满吗？孰不知这比前一种空虚更糟。因为我们花了太多的时间去关注那些实质上与我们的生活意义毫不相干之事，费尽了心血去理会它们，为这些事情伤透了脑筋；而且我们因此还要花更多的精力去做那些没有价值的事。终有一天，当你明白，自己并不能改变单位、改变你的伴侣，更别说是世界，甚至是一个国家的领袖也无法改变国家，而只有尽力，向着理想的方向，尽力地去走，为自己、为家人，不求人赞赏，但求问心无愧，这就足够。

所以，我们面对这个世界，我们面对自己的生活，一定要有自己的主见、自己的看法、自己的定位，不要被外在的、他人的或社会流行的好恶牵着走、推着走、拉着走。

善待我们的生命，充实我们的人生，认清我们在这个世界上的正确位置，寻找到我们生活中的独特价值。求己之愿求，追己之愿追，活得像个我而不是他，不去理会那些不相干的事，不去做追风潮赶浪头之事。这样，当你回头望望时，你将庆幸自己一直在坚持着走自己的路。

第十章

修好这颗心，人生更从容

明代哲学家王阳明说过：“种树者必培其根，种德者必养其心。”“养心”是一个自我身心修炼的过程，通过修炼自己的身心，过滤外界的浮躁喧嚣，过滤心中的烦恼，达到内心的宁静，实现人生的升华。

人生是一场修行，是一场做人的修行，是一场心灵的修行。我们平时一点一滴的细节，行为举止，说话办事、为人处世等无不体现着我们的人生态度和处世哲学。心灵的烦恼来自心智的缺失，心智圆融，人生才会圆融。

上善若水，厚德载物

老子说：上善若水，厚德载物。人生若是如水，往来穿梭自如，于浩渺的天地之间默默流淌，上可至穹庐，下可到黄泉，不畏寂寞，不为诱惑，能屈能伸，能进能退，能上能下，只身存天下又有何难?

古代，一位官员被革职遣返，他心中的苦闷无处排解，便来找师父开导自己。师父静静听完了他的倾诉，将他带入自己的房中，房间的桌上放着一瓶水。师父微笑着说："你看这只花瓶，它已经放置在这里许久了，几乎每天都有尘埃灰烬落在里面，但它依然澄清透明。你知道这是何故吗？"此人思索良久，仿佛要将花瓶看穿，忽然他似有所悟："我懂了，所有的灰尘都沉淀到瓶底了。"

师父点点头："世间烦恼之事数之不尽，有些事越想忘掉越挥之不去，那就索性记住它好了。就像瓶中的水，如果你厌恶地摇它，会使一瓶水都不得安宁，混浊一片；如果你愿意慢慢地、静静地让它们沉淀下来，用宽广的胸怀容纳它们，这样，心灵并未因此受到污染，反而更加纯净了。"官员恍然大悟。

水具有滋养万物生命的德性，使万物得其润泽，而不与万物争利，永远不居高位，不把持要津，在这个永远不平的物质世界中，宁愿自居下流，藏垢纳污而包容一切。所以老子形容它："处众人之所恶，故几于道。"

老子只是拿水与物不争的善性一面，来说明它几乎近于道的修为而已。一个人的行为如果能做到如水一样，善于自处而甘居下地，所谓"居善地"；心境像水一样，善于容纳百川的深沉渊默，所谓"心善渊"；行为举止同水一般助长万物生灵，所谓"与善仁"；言语如潮水一样准则有信，所谓"言善信"；立身处世像水一样持平正衡，所谓"正善治"；担当作事像水一样调剂融合，所谓"事善能"；把握机会，及时而动，做到同水一样随着动荡的趋势而动荡，跟着静止的状况而安详澄澈，所谓"动善时"；遵循水的基本原则，与物无争，与世无争，永无过患而安然处顺，便是掌握了天地之道的妙用了。

人生在世，若能将水的特性发挥得淋漓尽致，可谓完人，正是"上善若水，厚德载物"。

无愧于心，何来烦恼

无愧于心的人就是佛，就不会有任何烦恼。很多事，不需要太多的解释，甚至都不需要解释！只要你自己问心无愧就行了。

月船禅师是一位善于绘画的高手，可是他每次作画前，必坚持购买者先行付款，否则决不动笔。这种作风，使社会人士颇有微词。

有一天，一位女士请月船禅师帮她作一幅画，月船禅师问：“你能付多少酬劳？”

“你要多少就付多少！”那女士回答道，“但我要你到我家去当众挥毫。”

月船禅师允诺跟着前去，原来那女士家中正在宴客，月船禅师以上好的毛笔为她作画，画成之后，拿了酬劳正想离开。那女士就对宴会上的客人说道：“这位画家只知要钱，他的画虽画得很好，但心地肮脏；金钱污染了他的善美。出于这种污秽心灵的作品是不宜挂在客厅的，它只能装饰我的一条裙子。”

说着，那女士便将自己的一条裙子拿出来，要月船禅师在上面作画。月船禅师问道：“你出多少钱？”

女士答道：“哦，随便你要多少。”

月船开了一个特别昂贵的价格，然后依照那位女士的要求画了一幅画，画毕立即离开。

很多人怀疑，为什么只要有钱就好？受到任何侮辱都无所谓的月船禅师，心里是何想法？

原来，在月船禅师居住的地方常发生灾荒，富人不肯出钱救助穷人，因此他建了一座仓库，贮存稻谷以供赈济之需。又因他的师父生前发愿建寺一座，但不幸其志未成而身亡，月船禅师还要完成师父的心愿。当月船禅师完成其愿望后，立即抛弃画笔，退隐山林，从此不复再画。

一个不食人间烟火的禅师，走街串巷，卖画赚钱，确实有点儿不可思议。

在我的印象里，出家人出入尘世间通常都是行脚化缘，没有见过专门做买卖的，所以月船禅师被人当众羞辱也就不足为奇了。因为他是禅师，是得道高僧，是受人尊敬的人。如果他是一个花和尚，那就不一样了。

面对误解，月船禅师没有任何辩驳，甚至没有说任何话。他的心里只有慈悲，只有苍生，没有荣辱，没有喜忧。因为他是禅师，所以世俗的尘埃又怎么能污染得了他？不顾世俗见地，不忌人间毁誉，这就是月船禅师的可贵之处。

人心都是善的，每个人心里都有很多慈悲的愿念，只是顾忌太多，因而犹犹豫豫、畏畏缩缩，很多时候不敢想，更多的时候不敢做。其实只要你用的是善心，行的是善事，又何必害怕恶运会降到你头上！人活在世上，只要无愧于心，就没什么可以烦恼的，就没有什么事情不可以做的。

讷于言而敏于行

孔子曰："君子讷于言而敏于行。"所谓的"讷于言"，就是慢言少言，所谓的"敏于行"，就是多做事快做事，简言之，就是少说话，多做事。

古代许多成就功业者，大多都是言讷行敏的典范，西汉名将霍去病就是其中的一员。

据《史记·卫将军骠骑列传》中记载，霍去病"为人少言不泄"，但之于行，"凡六出击匈奴，其四出以将军，斩辅首虏十一万余级"。由此可见，霍去病，言讷行敏者也。

《曾子·修身》曰："行欲先人，言欲后人。"说话，要经过深思熟虑，才不会流于胡言乱语招惹是非；做事，说做便做，不拖泥带水，以养成雷厉风行之性。

常言道，病从口入，祸从口出。做人若常喜欢津津乐道，传递小道消息，喜欢谈论东家长西家短，乐于神侃吹牛，都不是一种好现象，这种现象若不及早纠正革除，总有一天，会自食苦果。坐着谈，不如起来行。任何事情、任何目标、任何策略，嘴上说说，不可能解决，不可能实施，而是要靠自我的身体力行，去工作，去奋斗！嘴上的功夫千好百好，不如行动上来得实在。

行敏，有利于言讷；言讷，可以促进行敏。任何只把事情挂在口头上而不落实到行动上的个体，终将会一事无成。

古有两名盗寇，身背金银珠宝，一水拦住逃路，两盗欲泅而渡之。泅渡前，老大对老二说：水流且急，游到水中，若是觉得力不从心，就丢掉一点背上的金银珠宝，继续向对岸游，再若感到体力不支，就继续再丢，保住自己的性命是最重要的！听完老大的话，老二点点头，表示明白。

此时，身后的追者将至，老大老二两名盗寇纵身入水，向对岸泅渡，没多久，老二就觉得颇为吃力，于是就扔掉了一半背上背着的金银珠宝，到了水中央，老二仍感体力难支，因此，又把另一半也扔掉了！

老二筋疲力尽地上了岸，回头一看，老大还在离岸很远的水中挣扎，眼看就要沉下去了！此时，老二大喊，让老大解掉背上的包袱，扔掉金银珠宝！老大听到老二的喊叫，也想解开背着的包袱，扔掉金银珠宝，可是，他已经没有解开包袱的力气，最终落了个葬身水底的结局。

在嘴头上，老大比老二说得有劲，而在行动上，却不如老二敏捷，因此，老二敏行保住了自己的性命，老大只在敏言，最终丧命。

这虽然是一则盗寇的反面故事，但也能说明，善于言而不善于行，结果往往是天壤之别的。

当面不说，背后乱说，开会不说，会后乱说的一类人，是庸人，小人，这样的人让人鄙视。少说话，不等于不说话。做人就应该言出必行，行必有果，所谓君子一言，驷马难追。要么不说，要么说了，就要守诺，就得让自己所说的话变成现实。

可以说，人际中的纠纷、烦恼有一大半是由于说话不当而引起的。因此，我们应当在平时把握自己的说话分寸，言讷而行敏，少说话多做事，将自己慢慢培养成一个谨言慎语、在言语上颇有修养的人。

守宽恕之道，则心中无魔

天刚破晓，朱友峰居士兴冲冲地抱着一束鲜花及供果，赶到大佛寺想参加寺院的早课，谁知才一踏进大殿，左侧突然跑出一个人，正好与朱友峰撞个满怀，将捧着的水果，撞翻在地，朱友峰看到满地的水果忍不住叫道："你看！你这么莽撞，把我供佛的水果全部撞翻了，你怎么给我一个交代？"

这个名叫李南山的人，非常不满地说道："撞翻已经撞翻，顶多说一声对不起就够了，你干吗那么凶？"

朱友峰非常生气道："你这是什么态度？自己错了还要怪人！"

接着，互相指责的声音就此起彼落。

广圉禅师此时正好从此经过，就将两人带到一旁，问明原委，开示道："莽撞的行走是不应该的，但是不肯接受别人的道歉也是不对的，这都是愚蠢不堪的行为。能坦诚地承认自己的过失及接受别人的道歉，才是智者的举止。"广圉禅师接着又说道："我们生活在这个世界上，必须协调的生活层面太多了，如在社会上，如何与亲族、朋友取得协调；在教养上，如何与师长们取得沟通；在经济上，如何量入为出；在家庭里，如何培养夫妻、亲子的感情；在健康上，如何使身体健全；在精神上，如何选择自己的生活方式，能够如此才不会辜负我们可贵的生命。想想看，为了一点小事，一大早就破坏了一片虔诚的心境，值得吗？”

李南山先说道：“禅师！我错了，实在太冒失了！”说着便转身向朱友峰道：“请接受我至诚的道歉！我实在太愚痴了！”

朱友峰也由衷地说道：“我也有不对的地方，不该为一点小事就发脾气，实在太幼稚了！”

广圄禅师的一席话，终于感动了这两位争强好斗之人。

参禅需修身，守戒当恕人，无争破执是参悟禅慧的入门要求。无善心和气待人纳物者，参禅也是毫无用处。因此，于别人之过，需宽容，切不可念念不忘。世间贵在和谐，守宽恕之道，则心中无魔，不生烦恼，不生痛苦。

心宽一寸，路宽一丈

宽容是一种高尚的人格修养，一种“宰相胸襟”，一种大将风度。

唐代娄师德气量超人，当遇到无知的人指名辱骂时，就装着没有听到。有人转告他，他却说：“恐怕是骂别人吧！”那人又说：“他明明喊你的名字骂！”他说：“天下难道没有同姓同名的人吗？”有人还是不平，仍替他说话，他说：“他们骂我而你叙述，等于重骂我，我真不想劳动你来告诉我。”有一天入朝时，因身体肥胖行动缓慢，同行的人说他：“好似老农田舍翁！”娄师德笑着说：“我不当田舍翁，谁当呢？”

清代中期，当朝宰相张廷玉与一位姓叶的侍郎都是安徽桐城人。两家毗邻而居，都要起房造屋，为一块地皮发生了争执。张老夫人便修书北京，要张廷玉出面干预。这位宰相到底见识不凡，看罢来信，立即作诗劝导老夫人：“千里家书只为墙，再让三尺又何妨？万里长城今犹在，不见当年秦始皇。”张母见书明理，立即把墙主动退后三尺；叶家见此情景，深感惭愧，也马上把墙让后三尺。这样，张叶两家的院墙之间，就形成了六尺宽的巷道，成了有名的“六尺巷”。

要心怀坦荡，宽容他人，就必须做到互谅、互让、互敬、互爱。互谅就是彼此谅解，不计较个人恩怨。人都是有感情和尊严的，既需要他人的体谅，又有义务体谅他人。有了互相之间的谅解，就能清心降火，在任何情况下，都能保持平静的心境和宽厚的品格。互让，就是彼此谦让，不计较个人名利得失。心底无私天地宽，淡泊名利，摒弃私心杂念，自觉做到以整体利益为重，把好处让给别人，把困难留给自己，相互之间的矛盾就容易化解；争名于朝，争利于市，一事当前先替自己打算，对个人得失斤斤计较，是难以与他人和睦相处的。

互敬，就是彼此尊重，不计较我高你低。尊重别人是一种美德，“敬人者，人恒敬之”，尊重别人，自然会获得别人的好感和尊重。如果无视他人的存在，不尊重他人的人格，就不会有知心朋友。互爱，就是彼此关心，不计较品格气质的差异。爱能包容大千世界，使千差万别、迥然不同的人和谐地融为一个整体；爱能融化隔膜的坚冰、抹去尊卑的界线，使人们变得亲密无间；爱能化解矛盾芥蒂，消除猜疑、嫉妒和憎恨，使人间变得更加美好。

人有一分大度，便有一分气质；人有一分气质，便多一分人缘；人有一分人缘，必多一分事业。虽说大度是天生的，但也可以后天培养。

历史上的成功人士之所以成功，并非他有三头六臂，而是他的肚量比人大！肚量小的人不能容人，人又怎么能容你呢？

有一打油诗云：“占便宜处失便宜，吃得亏时天自知；但把此心存正直，不愁一世被人欺。”有量的人，必定是不会吃亏的啊！

古人云：“心底无私天地宽。”天地一宽，对一些琐碎之事，就不会太认真，苦恼也不来了，怨恨更谈不上。

尊敬别人，就是庄严自己

有一个青年拿了自己的画作到省城，想请一位自己敬仰的画家指点一下。那画家看这青年是个无名小卒，连画轴都没让青年打开，就说自己有事，下了逐客令。青年走到门口，转过身说了一句话：“老师，您现在站在山顶，往下看我这个无名小卒，把我看得很渺小；但您也应该知道，我在山下往上看您，您也同样很渺小！”说完转身扬长而去。后来，青年发愤学艺，画技非凡，取得了不小的成就。

这则小故事中的一句话值得我们深思，在自己和别人之间，从来就没有伟大和渺小之分。

在生活中，我们也会有这样一种错觉：站在山顶上的人俯瞰山脚下的人，往往认为自己很高大，对方很渺小；而站在山脚下的人仰视山顶上的人，往往认为自己很渺小，对方很高大。其实，无论是站在山顶上俯瞰，还是站在山脚下仰望，两个人都是一样高，没有谁比谁更高大，也没有谁比谁更渺小。

在我们心中给一个人的形象是否高大作出的评价，并不在于他所处的位置，而在于他的人格、胸襟和修养。认识到这一点，我们就不必为自己而自卑，也不必为别人而屈尊。

在我们的人格和修养中，有一条做人的准则最受欢迎，那就是尊敬。尊敬他人的人，会获得对方同样的尊敬；不懂得尊敬别人的人，会换来对方漠视的目光。所以，佛陀有言：对人恭敬，就是在庄严自己。就是这个道理。

尊敬别人，等于尊敬自己。

我们之所以尊重别人，是因为在对方的身上有许多优点、长处和自己并不具备的素质和修养吸引着我们，对方散发出来的人格正能量让我们心生崇敬，内心崇拜，从而发自内心地尊重对方。

而在对方的眼里，也是如此。我们自身表现出的某种优秀的一面和特质，也许正是对方所看重和欣赏的，因而也获得了对方的认可和尊重。在彼此的尊重之间，双方的正能量就会成倍增加。

很多时候，我们都在拿自己和别人作比较。而伟大和渺小的差距，往往是我们“不公正”衡量的结果。那些成功人士在我们眼中的形象是伟大的，那些优秀人物在我们眼中的形象是高大的，他们的光环光芒四射，将我们的一切都比下去。与之相较，相形见绌，自卑感油然而生。于是，自己看别人，怎么看怎么觉得形象高大无比；自己看自己，怎么看怎么觉得一无是处。

这种对自身过于自卑的轻视，也是影响别人对自己的尊重程度的重要因素。所以，赢得别人尊重的前提是先要学会尊重自己。不轻视自己，肯定自己，别人自然也对你表示尊重。

再伟大的人也有自身的短处，再平凡的人也有自身的优势，所以，不必为他人的长处而心生烦恼，也不必为自己的不足而顾影自怜。也许，你正在为自己的“渺小”而心生遗憾，而在他人看来，你的某个强项正是他们所艳羡的高度。

尊敬他人，是做人最基本的美德。尊敬，归根结底是彼此尊重和敬佩对方带给自己的美好的能量，无论这种能量是大是小。

佛陀告诉我们，“对人恭敬，就是在庄严自己。”一个人在别人眼中的形象是否高大，并不在于他处在什么样的位置，而在于他如何为人处世，是否具有高尚的人格、宽广的胸襟。

吃亏何尝不是一种福气

在中国传统思想中，有“吃亏是福”一说。这是中国哲人总结出来的一种人生观。它包括了愚笨者的智慧、柔弱者的力量，领略了生命含义的旷达和由吃亏退隐而带来的安稳宁静。

唐代的两位智者寒山与拾得（他们二人实际上是一种开启人的解脱智慧的象征）的对话，从某种意义上来说对我们很有启发。

一日，寒山问拾得：“今有人侮我、笑我、藐视我、毁我伤我、嫌恶恨我、诡谲欺我，则奈何？”拾得曰：“子但忍受之，依他、让他、敬他、避他、苦苦耐他、不要理他。且过几年，你再看他。”

那个高傲不可一世的人的结局就可想而知了，而我们也一定可以想象得出拾得胜利的微笑——尽管这可能是一种超脱圆滑者的微笑。不过，它的确会给我们的生活带来一些好处。

所以，如果我们知道福祸常常是并行不悖的，而且福尽则祸亦至，而祸退则福亦来的道理，那么，我们就真的应该采取“愚”“让”“怯”“谦”这样的态度来避祸趋福。所以“吃亏是福”不失为人生一种特殊的处世哲学。“吃亏是福”也是一种生活的艺术。

“吃亏”大多是指物质上的损失，倘使一个人能用外在的吃亏换来心灵的平和与宁静，那无疑获得了人生的幸福。记不清哪位哲人曾写下下面这段令人叫绝的文字，的确是对“吃亏是福”的最好诠释。

人，其实是一个很有趣的平衡系统。当你的付出超过你的回报时，你一定取得了某种心理优势；反之，当你的获得超过了你付出的劳动，甚至不劳而获时，便会陷入某种心理劣势。很多人拾金不昧，决不是因为跟钱有仇，而是因为不愿意被一时的贪欲搞坏了长久的心情。一言以蔽之：人没有无缘无故的得到，也没有无缘无故的失去。有时，你是用物质上的不合算换取精神上的超额快乐。也有时，看似占了金钱便宜，却同时在不知不觉中透支了精神的快乐。所以先哲强调：吃亏是福，就是这样一个道理。现实生活中，很多人以低调的姿态做着各种各样的好事，从某种程度上讲，他们就是我们常说的“圣人”。

吃亏是福，生命中吃点亏算什么？吃亏了能换来非常难得的和平与安全，能换来身心的健康与快乐。吃亏又有什么不值得的呢？况且，在吃亏后和平与安全的时期之内，我们可以重新调整自己的思想，使生命再度放射出绚丽的光芒。

吃亏，虽然意味着舍弃与牺牲，但也不失为一种胸怀、一种品质、一种风度。不怕吃亏的人，才会在一种平和和自由的心境中感受到人生的幸福。任何一个有作为的人，都是在不断吃亏中成熟和成长起来的，并逐渐变得更加聪慧和睿智。

与其做烦恼的聪明人，不如做自在的糊涂仙

“难得糊涂”是糊涂学集大成者郑板桥先生的至理名言。他将此体系晋升为：“聪明难，糊涂亦难，由聪明转入糊涂更难。放一着，退一步，当下心安，非图后来福报也。”做人过于聪明无非占点小便宜；遇事装糊涂，只不过吃点小亏。但“吃亏是福不是祸”，往往有意想不到的收获。有些人只想处处占便宜，不肯吃一点亏，总是“斤斤计较”，到后来是“机关算尽太聪明，反误了卿卿性命”。

郑板桥说过：“试看世间会打算的，何曾打算得别人一点，真是算尽自家耳！”世上最可悲悯的人，他们往往自我感觉不错，正是所谓“贼是小人，智过君子”之人，是那些具有君子的智力却怀持小人之贼心的人。他们最大的敌人即是自身。为人处世与其聪明狡诈，倒不如糊里糊涂而敦厚善良。

郑板桥以个性“落拓不羁”闻名于世，心地却十分善良。他曾给其堂弟写过一封信，信中说：“愚兄平生谩骂无礼，然人有一才一技之长，一行一言为美，未尝不啧啧称道。家中数千金，随手散尽，爱人故也。”以仁者爱人之心处世，必不肯事事与人过于认真，因而“难得糊涂”确实是郑板桥襟怀坦荡无私的真实写照，并

非一般人所理解的那种毫无原则稀里糊涂之人。糊涂难，难在人私心太重，头脑一热，陡觉世界太小，眼前只有名利，不免去斤斤计较。《列子》中有齐人攫金的故事。齐人被抓住时官吏问他：“市场上这么多人，你怎敢抢金子？”齐人坦言：“拿金子时，看不见人，只看见金子。”可见，人性确有这种弱点，一旦迷恋私利，心中便别无他物存在，就会唯利是图，掉进钱眼里去了！

聪明与糊涂是人际关系范畴内必不可少的技巧和艺术，其本身并无优劣之分。只不过太聪明的人，学点“糊涂学”中的妙处，于己大有益处。

人毕竟没有三头六臂，当你事事比别人聪明时，总会引起别人的反感和嫉妒，导致自己受到无谓的伤害，给自己带来无谓的烦恼。真正聪明、正直的人大可不必在一些琐碎小事上锱铢必较，“糊涂”一下又何妨？只要能在大事上、原则上保持清醒头脑就行了。为人处世，千万不要在小事上纠缠不休，搞得自己精疲力竭、心绪不宁、百般烦恼，而到了大事面前，却又真的糊涂了。这样的生活，太得不偿失了。

俗话说：真正聪明的人，往往聪明得让人不以为其聪明。这句话的本意不也就是难得糊涂的内涵吗？聪明的人表面愚拙、糊涂，实则内心清楚明白，这不是一种更为高明的处世艺术吗？

遇事糊涂一些，轻权势、少功利、淡名利、能屈伸、知进退，则无烦恼，无纷争，终成正果。“糊涂”可使我们心境平和，无欲无贪，正如“值利害得失之会，不可太分明，太分明则起趋避之私”一样。

在瞬息万变的现代社会，许多事情非要寻出个究竟，有时也是不现实的，倒不如多一点“糊涂”，少一点计较。

修炼“云无心以出岫”的境界

总是焦躁不安、一有事就忧心忡忡、每天都有烦恼……如何做才能更好地控制自己的情感?

答案是，只有“心无杂念”，才能控制好自己的情感。

如果能做到心无杂念，我们就不会被情感束缚。而且，情绪也能保持平稳状态，不会时好时坏。

但是，让自己保持心无杂念的状态并非易事，甚至可以说非常之难。坐禅时如果强烈要求自己“必须做到心无杂念”，反而会出现相反的结果。因为你的大脑会被“不可思考”“必须让内心空无一物”等杂念占据。即使是在坐禅时，我们也无法阻止各种思绪浮现于脑海中。

对于大脑中浮现的这些思绪，放任不管是最佳方法。如此一来，它们就会自行消失。

任其浮现，任其消失。这是最接近“心无杂念”的内心状态。

往水面投一石子，水面会立刻掀起层层波澜。如果这时你为了让水面恢复平静而把手放入水中，水面只会变得更加不平静。只有放任不管，波纹才会逐渐消失，水面才会变得如镜子般平静。

内心也是如此。

有句禅语叫“云无心以出岫”。

正如文字表面所示，其意思是说，当云不被任何东西束缚时，可以一边在风的吹拂下自由变幻形状，一边坚守身而为云的本分。毫无疑问，这正是“心无杂念”的最佳境界。

在日常生活中，我们会遇到各种各样的状况。既有好事情，也有坏事情；既有让我们心情愉悦的事情，也有让我们难以抉择的事情。不论处于何种情况，如果我们束缚于这些事情，内心就会掀起巨大波澜。

“那个家伙，竟然口出狂言！我绝不能放过他！”这是对灌进内心的“怒气之风”试图做出反抗的姿态。此时，大脑已完全被怒气占据，内心混乱而麻木。

喜怒哀乐是人类的正常情感，当这些情感涌上心头的时候，放任不管是最好的方法。如果一直想着如何应对，只会让自己越来越难以摆脱这种情感。

被敲进地里的桩子，已被牢牢地固定住。不论刮多么大的风，桩子都必须与风作抗争。但是，当风强到一定程度时，桩子就可能会被切成两截。

相反，竹子却能依靠其柔韧劲应对强风。无论风多么大，它都不会被吹折。当风停止的时候，它又能恢复到笔直的状态。任凭风吹风止，它始终坚守自我。

我们没必要要求自己不为那时那刻的思绪和情感“所动”。任其浮现，任其消失，才是正确的做法。

这才是不被任何事物束缚的最佳姿态。如果能做到这一点，我们就能把注意力集中于“当下”，让自己的内心变得更加柔和。

让我们向“心无杂念”的境界靠近吧！

宠辱不惊，看庭前花开花落

《幽窗小记》中有一副对联：宠辱不惊，看庭前花开花落；去留无意，望天上云卷云舒。我们都很喜欢这副对联。它的意思是说，为人做事能视宠辱如花开花落般平常，才能不惊；视职位去留如云卷云舒般自然，才能无意。

一副对联，寥寥数语，却深刻描绘出了人生对事对物、对名对利应有的态度：失之不忧、得之不喜、宠辱不惊、去留无意。这样才可能心境平和、淡泊自然。一个看庭前三字，大有躲进小楼成一统，管他春夏与秋冬之意，而望天上三字则又显示了放大眼光，不与他人一般见识的博大情怀；一句云卷云舒更有大丈夫能屈能伸的崇高境界。与范仲淹的“不以物喜，不以己悲”实在有异曲同工之妙，更颇有魏晋人物的旷达风流。

宠辱不惊，去留无意，说起来很容易，做起来却是十分困难。我们都是凡夫俗子，红尘的多姿、世界的多彩令大家怦然心动，名利皆你我所欲，又怎能不忧不惧、不喜不悲呢？否则也不会有那么多的人穷尽一生还要追名逐利，更不会有那么多的人失意落魄、心灰意冷了。我国古代的贬官文化即是此明证。这关键是你如何对待与处理的问题。

首先，要明确自己的生存价值，“由来功名输勋烈，心中无私天地宽。”如果心中没有太多的私欲，又怎么会患得患失呢？其次，认清自己所走的路，得之不喜，失之不忧，不要过分在意得失，不要过分看重成败，不要过分在乎别人对你的看法。只要自己努力过，奋斗过，做自己喜欢做的事，按自己的路去走，外界的评说又算得了什么呢？陶渊明式的魏晋人物之所以如此豁达风流的原因，就在于淡泊名利，不以物喜，不以己悲，才可以用宁静平和的心境写出那洒脱飘逸的诗篇来。这正可谓真正的宠辱不惊、去留无意。将这一精神发挥到极致的是唐朝的武则天。死后立一块无字碑，千秋功过，留与后人评说。一字不着，尽得风流。这正是另一种豁达，另一种宠辱不惊、去留无意。

只有做到宠辱不惊、去留无意才能心态平和，恬然自得，才能达观进取，笑对人生。生亦欣然，死也无憾。花落花开，水流不息。我兮何有，谁欤安息。明月清风，不劳牵挂。

但是，现在大多数人都觉得活得很累，不堪重负。大家都很纳闷，为什么社会在不断进步，而人的负荷却更重，精神越发空虚，思想异常浮躁。的确，社会在不断地前进，也更加文明了。但是，文明社会的一个最大缺点就是造成人与自然的日益分离，人类以牺牲自然为代价，其结果便是陷于世俗的泥泞中无法自拔，追逐于外在的礼法与物欲而不知什么是真正的美。金钱的诱惑、权力的纷争、宦海的沉浮让人殚精竭虑。是非、成败、得失让人或惊、或诧、或喜、或悲、或忧、或惧，一旦欲望难以实现，想法难以成功，希望落空成了幻影，就会失落、失意乃至失志。

失落主要是一种心理上的失衡，自然需要靠失落的精神现象来调节；失意是一种心理倾斜，是失落的情绪化与深刻化；失志则是一种心理失败，是彻底的颓废，是失落、失意的终极表现。而要克服这种失落、失意、失志就需要宠辱不惊、去留无意的心态。

陷阱、棒杀、怨恨都是每个人不愿意得到的东西，但现实生活中却是实际存在的。有人吹你，你不要太过在意，因为吹你有时是陷阱；有人对你微笑，有人捧你，你不要太过兴奋，因为捧有时是棒杀；你不要太过看重，因为微笑后面可能是怨恨。对于存在的东西，没有必要去认真计较。

还是先哲说得好："走自己的路，让别人去说吧"。所以不要因为有人批评了几句，就灰心丧气；也不要因为有人夸奖了几言，就忘乎所以，要做到宠辱不惊。这就是古人所说的"不诱于誉，不恐于诽，悲喜勿虑，大彻大悟自为之"。

淡定的人生没烦恼

有一位虔诚的佛教信徒，每天都从自家的花园里采撷鲜花到寺院供佛。一天，当他正送花到佛殿时，碰巧遇到无德禅师从法堂出来，无德禅师欣喜地说道："你每天都这么虔诚地来以香花供佛，依经典的记载，常以香花供佛者，来世当得庄严相貌的福报。"

信徒非常欢喜地回答道："这是应该的，我每天来寺礼佛时，自觉心灵就像洗涤过似的清凉，但回到家中，心就烦乱了。我是一个家庭主妇，如何在喧嚣的城市中保持一颗清净纯洁的心呢？"

无德禅师反问道："你以鲜花献佛，相信你对花草总有一些常识，我现在问你，你如何保持花朵的新鲜呢？"

信徒答道："保持花朵新鲜的方法，莫过于每天换水，并且于换水时把花梗剪去一截，因花梗的一端在水里容易腐烂，腐烂之后水份不易吸收，就容易凋谢！"

无德禅师道："保持一颗清净纯洁的心，其道理也是一样，我们的生活环境像瓶里的水，我们就是花，唯有不停净化我们的身心，变化我们的气质，并且不断地忏悔、检讨、改进陋习、缺点，才能不断吸收到大自然的养分。"

有首古诗写道："但愿此心春长在，须知世上苦人多。"现实中真的是有许多人感到自己活得很辛苦，生活中没有一点乐趣。正因为世人心中无"春"，所以才无快乐可言。

常常为了生存而四处奔波，因为竞争残酷而备受煎熬，因为前途渺茫而心烦意乱，当我们被种种思绪所困扰和束缚内心的时候，不妨静下来，放松一下心情，调节一下情绪，修炼一颗禅心。

修炼一颗禅心，就是让心灵回归宁静，让浮躁、不安、忧虑的情绪得以平静恬淡。处乱不惊，遇事冷静，才是成熟的态度。拥有了闲适与恬淡，你就拥有了快乐与幸福。

人生就像坐车，要经受各种未知的颠簸，有的人能从容自信地欣赏到窗外的风景，怀着激情享受和驾驭生活；而有的人即使是一路平稳，也常常会坐卧不安，无故地搅乱了原本清静的心。

所以，让心得以宁静，淡定地直面人生的挑战，才不会大喜大悲，轻松从容地游刃于巅峰和波谷之间。

淡定的人生没烦恼。如何做到内心的淡定？先要修炼一颗禅心，让心灵得以宁静。不急不躁，心清如水，简单生活，就不会因外物的迷惑和杂念而让心灵迷失。